# Internet
# et
# Les Sept Piliers du XXI°Siècle

## Concepts clefs pour la Nouvelle Économie

**CONNAISSANCE PARTAGÉE ÉDITIONS**
3, rue de l'Arrivée
Tour CIT
75749 Paris Cedex 15

# François Denieul

# Internet
# et
# les Sept Piliers du XXI°Siècle

## Concepts clefs pour la Nouvelle Économie

Connaissance Partagée Éditions

# Remerciements

Ce livre n'aurait pu être mené à bien sans le soutien assidu et ingénieux de Maud Parmentier et de Philippe Guillouzic qui ont bien voulu m'assister chaleureusement dans les différentes phases d'élaboration de ce livre. Olivier Dassonneville a prêté une oreille attentive et judicieuse aux hypothèses esquissées. Qu'ils en soient ici très vivement remerciés.

Paris, Septembre 1999

# Introduction

Imaginez un monde où il n'y ait plus de chômage. Imaginez un monde où, la matière grise étant devenue le moteur du développement, les travailleurs ont enfin la maîtrise des moyens de production parce que ces moyens de production résident désormais dans leurs cerveaux. Imaginez un monde de partage de connaissances, d'échange de savoir, un monde où l'environnement est ménagé par une gestion de plus en plus intelligente et économe des ressources naturelles,....

Ce monde, si loin de nos expériences récentes, paraît trop beau pour être vrai et pourtant il n'est pas loin d'exister, il est à portée de main.

Après les « Trente Glorieuses » de l'après-guerre et les « Vingt Bilieuses » des années 1970 aux années 1990, nous pouvons entrer dans les « Trente Chanceuses » qui ouvrent le nouveau siècle et le nouveau millénaire.

## Des « Trente Glorieuses » aux « Trente Chanceuses » : Vers « l'hyper-prospérité » ?

Aujourd'hui, nous sommes pétris de scepticisme, l'idée du progrès nous paraît souvent naïve et dépassée. La perspective que les années à venir puissent être meilleures nous semble parfois incongrue. En Europe, en France, nous aimons cultiver la nostalgie qui nous fait envisager demain sous des couleurs pas toujours souriantes. Dès lors, annoncer la possibilité effective de jours meilleurs apparaît comme une provocation, et à certains égards, ce livre en est une. Mais il se veut aussi fondé sur des bases solides, réalistes. Quoi de plus brutalement réaliste que le langage et la logique de l'argent ? Or ce que nous disent les capitalistes, ce qu'ils nous font comprendre à travers leurs choix d'investissements, c'est que parmi toutes les amplifications, toutes les accélérations, qui prennent place aujourd'hui avec Internet, une des plus spectaculaires est la création de richesse avec un rythme et une intensité absolument sans précédent dans toute l'histoire de l'humanité.

Les entreprises Internet bénéficient en effet d'un traitement de faveur particulier. Alors que les entreprises classiques sont soumises à loi d'airain des exigences de Wall Street pour réduire leurs coûts et produire immédiatement des profits, les entreprises Internet voient la valeur de leur capitalisation boursière augmenter beaucoup plus que les autres alors même que certaines d'entre elles font des pertes substantielles. Et les investisseurs semblent prêts à continuer de verser des tombereaux d'argent pour accélérer leur développement.

C'est qu'en réalité, derrière cette irrationalité apparente, se trouve un calcul profondément logique fondé non sur la performance passée mais sur les anticipations actualisées des « cash-flows » futurs. Lorsque l'utilisation d'Internet gagne la planète avec des taux annuels de croissance à trois chiffres, il y a là de quoi générer des projections prometteuses. La réalité passée et présente témoignent que ces spéculations optimistes ne sont pas de pures illusions. Vous avez acheté pour 10.000 francs d'actions de Microsoft lors de son introduction en bourse le 13 Mars 1986. Si vous avez gardé ces actions, vous êtes riche à présent (septembre 1999) de la valeur de ces actions, soit 6.500.000 francs. Vous êtes devenu millionnaire en 13 ans. Aujourd'hui, 8 millions d'Américains sont millionnaires en dollars. Selon D. Kaplan, la Silicon Valley produit en moyenne 64 nouveaux millionnaires (en dollars) par 24 heures.

Aujourd'hui, près de la moitié des ménages américains (45%) s'enrichit jour après jour grâce à ses placements en actions[1]. Mais les États-Unis n'ont pas la totale exclusivité de la création rapide de fortune. Si vous aviez acheté des actions du français Integra, qui se veut l'un des pionniers du commerce électronique dans l'Hexagone et en Europe, lors de son introduction en bourse le 2 Juin 1999, vous auriez la satisfaction de voir la valeur de vos actions augmenter de 100% en moins de 3 mois (doublement de la valeur de l'action de 20 Euros l'action, lors de l'introduction, à 42 Euros fin Août 1999).

S'il revenait sur terre aujourd'hui, Guizot pourrait s'exclamer : «*Enrichissez vous par la créativité et par le Web !*»

Plus encore qu'aux rentiers, l'avenir appartient en effet aux créateurs d'entreprises : Netcentrex, une jeune entreprise créée par des ingénieurs issus du Centre National d'Études des Télécommunications, et spécialisée dans la téléphonie sur Internet, compte faire passer son chiffre d'affaires de 2,5 millions de francs en 1999 à 80 millions de francs en 2001. « D'ici un an, nous envisageons une in-

---

[1] En contrepartie de cet extraordinaire dynamisme, de ce "turbo-capitalisme", l'économie actuelle des États-Unis génère des inégalités grandissantes et une anxiété liée à la mobilité que les moins favorisés et les moins prêts à s'adapter aux mutations en cours vivent comme de la précarité. Mais s'il semble abusif de penser que la dynamique du marché suffit à elle seule à assurer une redistribution correctrice, force est de reconnaître que :

a) L'économie US ayant assuré le plein emploi sans inflation, les pouvoirs publics américains visent désormais, au delà de l'emploi, un objectif de hausse des revenus des particuliers, notamment des revenus des plus pauvres.

b) La réduction des inégalités ne s'obtiendra pas par un freinage de l'adoption des nouvelles technologies mais par un effort constant et déterminé pour rendre celles-ci plus accessibles aux couches les plus défavorisées de la population (cf. dans ce sens, le rapport du Programme des Nations Unies pour le Développement, évoqué dans le chapitre sur l'universalisation).

troduction en bourse ou une vente à un industriel[2] », explique son président.

L'avenir appartient aussi aux « entrepreneurs de l'intelligence », à tous ceux qui sauront tirer parti des formidables perspectives et surmonter les non moins considérables défis qui nous attendent, à tous ceux qui sauront repérer les nouvelles règles du jeu, à tous ceux qui sauront les comprendre suffisamment en profondeur pour en bénéficier. Pour cela, il faut faire émerger, du magma bouillonnant des évènements et des idées, des lignes directrices fortes et claires. Pour cela, il faut une vision qui dépasse la pression du court terme et s'inscrive dans le temps long, une vision qui transcende les cloisonnements géographiques, culturels, disciplinaires, et soit réellement transversale.

## Les bouleversements scientifiques et technologiques : Vers une nouvelle vision du monde ?

Parallèlement à l'avènement d'une Nouvelle Économie sous l'influence d'Internet, se déploient en effet des avancées scientifiques et des percées technologiques considérables. Nous aurons doublé la somme des connaissances scientifiques acquises par l'humanité depuis son origine jusqu'à maintenant en moins de huit ans. Le microprocesseur d'une carte à puce actuelle a une puissance de traitement et une capacité de stockage d'information supérieure à celle des ordinateurs des années 80[3]. Ces énormes progrès, porteurs de formidables impacts pratiques, ne sont pas non plus sans conséquence sur la perception de la nature de l'identité de l'humanité ni sur la conception même de l'homme. De même que Copernic avait rompu avec la conception géocentrique du monde en vigueur

---

[2] Le Monde du 25 Août 1999.

[3] Cf. Evan Schwartz « Digital Darwinism », Broadway Books 1999.

jusqu'alors en déniant à la terre tout rôle privilégié dans l'univers, de même une révolution copernicienne multiforme et multi-sources, s'abreuvant à la biologie, à l'informatique, à la théorie du chaos et des systèmes dynamiques complexes,... replace à présent l'humanité dans une perspective plus large. L'homme n'est plus une créature divine d'exception, mais s'insère dans la continuité d'une évolution de la matière et du vivant amorcée depuis le Big Bang. Et il prolonge cette évolution par la création de machines et de systèmes artificiels de plus en plus intelligents, partageant ainsi des capacités, jugées jusqu'alors uniques et exclusivement réservées à lui, avec les dispositifs qu'il a lui même créé.

Face à la multiplication des découvertes, à la prolifération des changements, face au déluge d'événements et d'informations apportés par l'actualité, nous avons besoin de concepts fédérateurs qui permettent de faire le lien entre des éléments épars, d'analyses qui offrent des grilles de compréhension pertinentes, d'idées qui apportent une nouvelle infrastructure conceptuelle, de références qui nous indiquent des pistes d'action.

Ce livre s'efforce de répondre à ce besoin en proposant une lecture du monde à partir d'Internet - symbole et préfiguration concrète du monde de demain – et en identifiant 7 piliers stratégiques du XXI° siècle.

A l'instar des 7 jours de la création, des 7 cavaliers de l'apocalypse, des 7 piliers de la sagesse, voici les 7 fondements, les 7 piliers, les 7 principes du XXI° siècle :

- l'interconnexion
- la dématérialisation
- la décentralisation
- la personnalisation
- l'universalisation
- l'interpénétration
- l'accélération

Ces piliers ne sont pas statiques, ils sont dynamiques. Ce sont des processus en mouvement, des forces en action. Ils s'auto-renforcent chacun de leur côté, et, ensemble, ils s'interpénètrent et se soutiennent mutuellement.

Place aux Sept Piliers et à la Nouvelle Économie !

*Vous pouvez lire ce livre de deux manières :*
- *En suivant classiquement l'ordre des chapitres qui conduit de l'analyse des Sept Piliers aux caractéristiques de la Nouvelle Économie et de la Nouvelle Entreprise ;*
- *En allant directement à la deuxième partie, focalisée sur l'économie et l'entreprise, et en revenant ensuite sur l'analyse des Sept Piliers qui permet une compréhension plus approfondie des ressorts fondamentaux des bouleversements présents et à venir.*

# PREMIÈRE PARTIE

# LES SEPT PILIERS

# Chapitre I

# Interconnexion

*« Un + Un = Trois ! »*[4]

# Une des principales clés de l'évolution

## Interconnexion et explosion de la vie

Il a fallu plusieurs milliards d'années pour que la vie unicellulaire apparaisse et se développe sur la terre. Il a fallu encore d'autres milliards d'années pour passer de la cellule unique à des combinaisons multicellulaires. Il a fallu encore d'autres milliards années pour que des organismes dépassent le stade de l'amas cellulaire où les cellules communiquent entre elles grâce à leur mitoyenneté, pour parvenir à des organismes plus structurés et plus sophistiqués disposant de moyens de connexion spécialisés, les neurones et les synapses, permettant des interactions à distance. Dès lors, grâce à cette « innovation », la variété des organismes vivants s'est développée à un rythme accéléré. Toutes les dispositions possibles de formes, de tailles, de fonctions, ont pu émerger, des lichens aux fleurs et aux arbres, du plancton à la baleine, du ptérodactyle et du ramapithèque à l'homo sapiens. Aujourd'hui, les microprocesseurs, les puces électroniques

---

[4] Jean Ueberschlag  Rapport sur la Coopération Transfrontalière 1996

interconnectés à travers des canaux à haut débit et parlant un langage commun, celui d'Internet et du Web, sont les neurones de notre civilisation. Du coup, une immense variété de formes nouvelles d'organisations sociales et économiques va pouvoir s'épanouir.[5]

# Internet, sésame de l'interconnexion

Parmi tous les réseaux informatiques, c'est Internet qui s'est imposé très largement et très rapidement. Pourquoi ?

## Internet, la tour de Babel vaincue

Internet est en fait un langage commun, plus précisément un ensemble de protocoles informatiques qui permet à des ordinateurs très différents de communiquer entre eux et de partager leurs ressources à l'échelle mondiale.
Les protocoles informatiques qui constituent Internet, TCP/IP (*Transmission Control Protocol/Internet Protocol*) ont une série d'avantages par rapport à d'autres normes de communication informatique :

❑ Ils sont universels
- La norme TCP/IP permet de transmettre tout type de données numériques qu'il s'agisse de voix, de texte, de vidéo, de musique.
- La norme TCP/IP est indépendante des différents types d'ordinateurs, qu'il s'agisse d'ordinateurs personnels (PC ou MAC), de stations de travail, de terminaux de grands systèmes, et des différents types de systèmes d'exploitation (Windows ou Unix). Elle permet donc une « interopérabilité » des ordinateurs. La norme TCP/IP est indépendante des

---

[5] Cf. Kevin Kelly « New rules for the new economy » Fourth Estate, Londres, 1998.

vitesses de connexion et permet donc d'utiliser différents modems et adaptateurs.

❑ Ces protocoles informatiques ne sont la propriété de
personne. Ce sont des normes ouvertes qui ne peuvent
pas être accaparées par telle ou telle entreprise. Ceci
renforce leur universalité et facilite le développement
de produits et d'innovation en ne restreignant pas la
concurrence.

❑ Les protocoles TCP/IP sont fondés sur un principe de
communication égalitaire et réciproque, chaque ordinateur connecté pouvant n'être pas seulement un récepteur mais aussi un émetteur. Ceci donne à chaque
personne ou à chaque organisme derrière l'ordinateur
la possibilité d'être un auteur de messages, d'être un
acteur actif du réseau. C'est par conséquent un facteur
de dynamisation du réseau.

Ces caractéristiques fondamentales font qu'avec Internet
n'importe qui peut se connecter à n'importe quel moment
pour n'importe quelle raison sans demander quelque
chose à qui que se soit[6].

## Un réseau de réseaux

Les qualités des protocoles d'Internet leur permettent de
fédérer différents réseaux. Aujourd'hui, Internet est un
réseau de réseaux. En effet des réseaux privés se sont
constitués à différentes échelles : LAN , (Local Area Network) pour des connexions de proximité, par exemple au
sein d'une même entreprise ou d'un même organisme ;
WAN (Wide Area Network) pour des connexions plus
lointaines ; VAN (Value Area Network) pour assurer des

---

[6] Morris « La chaîne de la connaissance » Editions Village Mondial, Paris, 1998.

transactions sécurisées entre entreprises. Mais ces réseaux sont un entrelacs de processus hétérogènes et ils sont tellement différents les uns des autres qu'ils ne parlent pas la même langue. Internet apporte précisément le moyen de faire communiquer ces réseaux entre eux en utilisant des protocoles simples et universels, une véritable « lingua franca ». D'ailleurs, au cour de sa brève histoire, Internet s'est précisément construit à partir de la nécessité de faire communiquer entre eux des ordinateurs ayant des caractéristiques et des langages de programmation très différents.

Internet n'est donc pas, comme certains l'imaginent, un gigantesque ordinateur central auquel se connecteraient des millions d'utilisateurs. C'est un ensemble de réseaux de nature différente, appartenant à des sociétés différentes, disséminées aux quatre coins du monde et reliées à l'aide de liaisons très diverses : lignes téléphoniques, lignes spécialisées, lignes à haut débit… D'un point de vue pratique, cet ensemble de réseaux apparaît aux yeux de l'utilisateur comme un seul et même réseau : Internet.

Cette capacité fédératrice d'Internet peut être utilisée pour traiter et partager les informations internes, réparties entre plusieurs ordinateurs voire plusieurs réseaux d'ordinateurs au sein d'une même entreprise, sans les communiquer au dehors. Il s'agit alors d'un « Intranet ».

Lorsque plusieurs entreprises veulent communiquer entre elles d'une manière confidentielle, elles peuvent constituer alors un « Extranet ».

Internet permet donc une interconnexion rapide et automatique entre des ordinateurs, et des échanges d'informations numérisées à travers des flux de bits, c'est à dire d'unités élémentaires d'informations codées sous la forme 0 ou 1.

# Les liens hypertexte : de l'interconnexion des bits à l'interconnexion du sens

Alors qu'Internet facilite la communication universelle entre machines, le Web permet la communication entre l'homme et la machine. Le Web à permis une utilisation conviviale et aisée d'Internet. D'outil réservé aux techniciens et universitaires, Internet a pu alors être utilisé par les particuliers et les entreprises ; ce qui a considérablement renforcé son impact, intensifié son utilisation et accéléré son développement de manière foudroyante.

Le Web repose sur trois caractéristiques qui ont assuré son succès :
- L'interactivité ;
- L'hypertexte ;
- La capacité multimédia.

## L'interactivité

### Un confort croissant
Les progrès de l'informatique ont été marqués par une interactivité croissante. Initialement, la personne qui voulait faire un traitement d'information quelconque devait attendre une ou plusieurs journées pour que la grosse machine qu'était alors l'ordinateur, procède à son traitement. Une étape décisive a été franchie lorsque les traitements ont pu être effectués instantanément, en temps réel. Parallèlement, les interfaces homme-machine qui requéraient des compétences particulières (programmation) ou des processus compliqués (nécessitant un temps d'apprentissage), ont évolué vers des dispositifs convi-

viaux et ergonomiques en jouant notamment sur l'aspect graphique et sur des outils comme par exemple la souris.

Ce qu'apporte le Web par rapport à Internet, c'est une interactivité devenue plus confortable et plus attrayante grâce à son interface multimédia.

### Actif, Acteur, Auteur

Aujourd'hui, au delà même du confort d'utilisation, ce sont les capacités de l'interactivité qui se trouvent développées. Alors que l'utilisateur voyait son rôle actif cantonné à un choix limité dans le cadre d'un programme étroitement déterminé, l'évolution des logiciels tend à conférer à l'utilisateur une capacité d'action de plus en plus grande en en faisant un **acteur** du déroulement du programme. Le pouvoir s'est inversé. Alors que l'utilisateur était subordonné à la logique du programme, aujourd'hui les programmes s'efforcent de jouer les assistants, les majordomes numériques. Plus encore, tout une série de logiciels ont permis d'assister les utilisateurs dans leur créativité en en faisant des **auteurs**, qu'il s'agisse de simples textes, de création graphique, de documents interactifs, de programmes informatiques.

Ce qu'apporte le Web par rapport à Internet, c'est une interface permettant à tout un chacun de n'être pas simplement un récepteur d'informations mais, un auteur souhaitant communiquer ses préoccupations.

Internet et le Web apportent donc une révolution par rapport au Minitel et par rapport à la télévision.

Alors que la télévision génère des téléspectateurs assis passivement sur leurs canapés[7] tout au plus capables de zapper entre différents programmes, le Web suscite une attitude active et dynamique que ce soit pour surfer à la

---

[7] « Couch Potato » selon l'expression américaine

recherche d'informations ou plus encore pour élaborer et envoyer des messages et dialoguer avec d'autres internautes. La télécommande du téléviseur et la souris de l'ordinateur témoignent bien de ces deux postures physiques et mentales différentes.

## Les liens Hypertexte

Les liens hypertexte établissent la liaison de certains objets (mots, phrases, icônes, ...) d'un texte vers d'autres textes, ou fichiers. Ainsi, un mot affiché en surbrillance ou en couleur sur une page Web permet de passer à un autre élément lorsqu'il est sélectionné et cliqué. Grâce au HTML, chaque document Web peut donc contenir des liens hypertexte indiqués par des zones de texte ou des images de couleurs différentes. Un lien peut transporter le lecteur soit plus loin dans le même document soit vers un autre document qui peut être stocké sur n'importe quel ordinateur connecté au Web.

Pour le créateur du langage HTML, Tim Berners-Lee, un anglais travaillant au Centre Européen de Recherche Nucléaire (CERN) à Genève, l'idée fondatrice de l'hypertexte a été de pouvoir garder la trace des associations d'idées aléatoires qui viennent lors d'un travail intellectuel comme celui généré par la recherche scientifique ou par l'élaboration d'un projet. *Le HTML a donc été conçu pour assurer l'interconnexion des idées.*

Aujourd'hui, avec Internet et le Web, il y a non seulement conservation et diffusion des connaissances capitalisées depuis l'aube de l'humanité, mais aussi dynamisation de celles-ci par l'échange et la confrontation à une échelle absolument sans précédent. La force d'Internet, ce n'est pas seulement l'interactivité, mais l'inter-créativité.

## La capacité multimédia

L'intérêt considérable du langage utilisé par le Web est de permettre de créer, de transmettre et de recevoir, non seulement des textes, mais aussi, à la différence du Minitel, des graphiques, des images, des animations, du son, de la vidéo. L'HyperText Markup Language, (HTML) est un langage de description de documents et de présentation permettant de créer des pages Web. Il permet d'indiquer la police de caractère, la taille de ceux-ci, la mise en page, d'insérer des images. Cette possibilité multimédia est pour beaucoup dans l'attractivité du Web et a contribué à son succès par rapport à d'autres systèmes de communication sur Internet, limités au mode texte. Dès à présent le Web permet d'écouter des radios du monde entier, de créer des animations spectaculaires, de générer et de recevoir des séquences vidéo. Demain, chaque internaute ou presque pourra créer sa propre chaîne de télévision interactive. La force du Web n'est pas seulement de permettre d'utiliser différents supports d'informations et d'émotions, mais de pouvoir les combiner et passer d'un type de support à un autre d'un simple clic de souris. Un lien hypertexte permet ainsi de passer directement d'un mot à une image ou à une séquence vidéo.

# Articulation interactivité individuelle/ interaction collective

Tim Berners-Lee, un des créateurs du Web, a tenu à ce que les liens hypertexte puissent dépasser les frontières séparant des bases de données. Grâce au Net, les liens hypertexte ne sont plus confinés à l'intérieur d'un même fichier ni d'un même ordinateur mais peuvent être établis avec les pages web présentes dans les millions d'ordinateurs du monde entier. Ce sont ces liens croisés entre ces milliers de serveurs qui ont tissé cette véritable toile d'araignée (Web) mondiale (WorldWide) le WWW.

« le Web est un espace abstrait d'informations. Sur Internet vous trouvez des ordinateurs, sur le Web, vous trouvez des documents, de la musique, de la vidéo... Le Web a accru l'intérêt d'Internet parce que les gens sont fondamentalement concernés par ce qui est de l'information et non pas par les ordinateurs en tant que tels... Le rêve derrière le Web est celui d'un espace commun d'informations ; c'est aussi le rêve d'un espace virtuel dans lequel nous travaillons, nous jouons et nous échangeons. L'universalité du Web est essentielle : un lien hypertexte peut conduire à n'importe quel document qu'il soit personnel ou local ou bien global, qu'il soit à l'état de projet ou qu'il soit déjà un document achevé[8] ».

---

[8] Tim Berners-Lee. Entretien de 1998 sur le site Internet de « l'Internet Society »

*Internet et le Web incarnent donc le principe d'interconnexion à différents niveaux :*

- Interconnexion entre hommes et machines par l'intermédiaire d'une interface interactive.
- Interconnexion entre documents et idées grâce aux liens hypertexte.
- Interconnexion entre différents supports d'informations grâce à la capacité multimédia.
- Interconnexion entre personnes et organismes séparés par des distances considérables.

# Internet et les tendances générales à l'interconnexion

Internet s'inscrit dans une tendance générale vers un renforcement des interconnexions de toutes sortes. Une illustration particulièrement forte et concrète de ce renforcement des interconnexions est fournie par la croissance explosive des télécommunications, qu'Internet contribue d'ailleurs à faciliter et à alimenter.

## La révolution des télécoms

En parallèle et en interaction avec Internet, les télécoms connaissent une véritable révolution due à des percées technologiques majeures et qui se traduit par la chute des prix, le développement fulgurant des téléphones portables, et l'explosion du trafic.

## Les progrès technologiques

Secteur d'activité déjà ancien, le téléphone est aujourd'hui bouleversé par des révolutions technologiques majeures qui remettent en cause profondément son fonctionnement technique et économique.

### La numérisation des télécoms

Transmise dès l'origine selon un mode analogique, la voix est de plus en plus l'objet de traitements, de processus, et de procédures numériques. L'évolution vers le numérique a pris trois chemins :

- Le premier concerne les standards, les commutateurs et les routeurs nécessaires pour connecter appelant et appelé, et qui, d'électro-mécaniques, sont devenus complètement informatiques. Et ce faisant sont devenus beaucoup moins coûteux et beaucoup plus performants.

- Le second concerne la numérisation de la voix à travers un échantillonnage qui permet de saisir ses caractéristiques propres à des fréquences plus ou moins rapprochées. En n'enregistrant que les éléments requis pour un niveau de qualité donnée, on peut réduire considérablement le flux de données nécessaires à travers des logiciels de « compression ».

- Le troisième est le système de transmission par « paquets [9]», à l'origine d'Internet. Il permet une éco-

---

[9] Dans un système de transmission et de commutation par paquet, chaque message est décomposé en une série de petits paquets d'informations qui sont pourvus d'un en tête spécifiant l'adresse de leur destination et de leur point d'émission. chaque paquet peut suivre un itinéraire différent pour arriver à une même destination. Comme Vinton Cerf, un des inventeurs d'Internet le décrit, le système de commutation par paquet est conceptuellement similaire à la manière dont travaille la poste : chaque lettre est adressée individuellement et passe par différents itinéraires selon sa destination. Deux lettres postées de Marseille peuvent prendre différentes routes pour arriver à Bruxelles, mais une fois qu'elles sont arrivées à la poste de Bruxelles elles sont rassemblées avec le courrier à destination de la même adresse et remises. Chaque paquet ressemble ainsi à une lettre et les commutateurs du réseau ressemblent ainsi aux étapes postales le long du trajet. La transmission par paquet permet donc d'optimiser la capacité d'un « tuyau » en faisant passer simultanément plusieurs paquets dans ce même « tuyau ».

nomie considérable de moyens affectés à la transmission des messages en réduisant la capacité nécessaire des « tuyaux ».

### Numérisation et nouveaux canaux de diffusion

Cette numérisation des télécoms se conjugue avec les progrès accomplis en matière de canaux physiques de transmission. Ces dernières années, la fibre optique[10] et les satellites sont venus s'ajouter aux moyens classiques représentés par le fil de cuivre et les liaisons hertziennes utilisées pour la radio et la télévision. La numérisation a permis à chacun de ces canaux physiques d'accroître extraordinairement sa capacité de transmission. C'est ainsi par exemple que l'ADSL (Asymetrical Digital Suscriber Line) permet de donner une nouvelle jeunesse au fil de cuivre qui relie le particulier au central téléphonique en augmentant considérablement ses débits[11] et de supporter des utilisations multimédias de type visioconférence, télévision interactive...

### L'explosion du portable : l'interconnexion mobile

L'incroyable augmentation de la demande de communications mobiles est la plus grande réussite technologique commerciale de cette fin de XXe siècle. En moins de vingt ans, le parc des abonnés aux communications mondiales sans fil a dépassé les 200 millions d'utilisateurs, un chiffre qui d'après les prévisions devrait aller au-delà du demi-milliard d'ici les premières années du XXIe siècle.

---

[10] Une fibre optique de l'épaisseur d'un cheveu est capable de transmettre 30 000 conversations en même temps

[11] Modem : 33,6 à 56,4 kbps
RNIS (Numéris) 64 ou 128 kbps
ADSL 640 kbps émis/1,5-10 Mbps en réception.
Câble de 500 kbps à 10 Mbps

Le passage à la troisième génération des téléphones portables représente une étape clé. Ce qui a stimulé au démarrage le marché des communications mobiles a essentiellement été un besoin de téléphonie vocale, c'est-à-dire de communications de personne à personne. La troisième génération constitue un passage spectaculaire au monde des communications mobiles multimédias où les utilisateurs auront accès non seulement à des services vocaux mais également à la transmission de signaux vidéo, d'images, de textes, de graphiques et de données. Les possibilités offertes par les techniques de la troisième génération sont pratiquement illimitées et permettront d'offrir aux utilisateurs de services tels que la vidéoconférence, l'accès à Internet ou les Intranets d'entreprises, la possibilité de naviguer dans le World Wide Web et toute une série d'autres applications de pointe. Les prestations assurées par la troisième génération sont rendues possibles par l'implantation de nouvelles techniques de transmission de données capables de fournir des vitesses bien supérieures à celles qu'assuraient les techniques de la deuxième génération[12]. Mais dès à présent, sans attendre cette troisième génération, les constructeurs et les opérateurs proposent des services Internet sur leurs téléphones portables[13].

---

[12] Les paramètres établis par l'UIT pour la troisième génération prévoient la capacité de transmettre des données à 144 kbit/s à des abonnés en déplacement rapide, à 384 kbit/s à des abonnés en déplacement lent et à 2 Mbit/s dans un environnement stationnaire, soit un progrès remarquable par rapport aux services mobiles de transmission de données assurés aujourd'hui. (Source : Union Internationale des Télécommunications).

[13] *Téléphones portables et Internet*
Sans attendre, les constructeurs fournissent leurs armes pour la prochaine course de vitesse technologique. Dans quelques jours vont apparaître sur le marché les premiers téléphones offrant un accès à des services en ligne. Cette nouvelle technologie, dite WAP, va transformer tous les téléphones portables en terminaux Internet simplifiés, offrant la messagerie électronique et des services proches de ceux du Minitel (réservations de train, d'avion, informations routières, Bourse, etc.). Alcatel devait lancer son produit, le 26 mars, en coopération avec SFR, suivi quelques jours après par l'offre concurrente de Nokia et d'Itine-

## Les impacts

Ces avancées technologiques ont trois conséquences majeures :
- La mort de la distance ;
- La chute des prix ;
- L'explosion du trafic.

### La mort de la distance
Le principe même de la communication par paquets rend indifférente la distance qui sépare plusieurs correspondants. Par exemple, un courrier électronique expédié de Paris sur Internet va sans doute passer par différents chemins autour du monde, une partie peut être par San Francisco, une autre par Montréal, pour parvenir finalement à Orléans. Cette indifférence à la distance va naturellement avoir un impact progressif mais de plus en plus important sur la tarification des communications téléphoniques. On observe déjà une baisse substantielle et continue des tarifs longues distances. Dès aujourd'hui, sur Internet, il est aussi simple, aussi rapide, et pas plus coûteux de se connecter à des milliers de kilomètres qu'à une centaine de mètres de son ordinateur.

### La chute des prix
La tendance générale et irrésistible va donc vers une baisse de prix régulière telle que le coût d'une communication téléphonique s'approchera de zéro et deviendra de

ris. Les constructeurs n'ont aucun doute sur le potentiel commercial de cette nouvelle technologie. « *Tous nos téléphones en seront équipés en* 2000 », affirme James Norling, président de Motorola Europe. Selon lui, en 2005, on se connectera plus à Internet par l'intermédiaire d'un téléphone portable que par ordinateur personnel. Une fois ces technologies définitivement installées dans notre vie courante, il sera alors temps d'entamer le basculement vers un nouveau standard de téléphonie mobile, encore plus sophistiqué, l'UMTS (Universal Mobile Telecommunications System), L'occasion d'une nouvelle bataille technologique, marketing et financière...
*Le Monde 26 mars 1999*

plus en plus insignifiant. Déjà des opérateurs privés américains offrent par exemple la gratuité des communication le jour de la fête des mères.

L'explosion du trafic

La chute des prix et l'indifférence croissante des télécommunications à la distance contribuent naturellement à susciter une explosion du trafic. On s'achemine vers un univers où de plus en plus de monde seront connectés en permanence et en tous lieux et à travers une gamme de plusieurs instruments et échangeront des données multimédias :

❑ *Connexion permanente :*
Certains commentateurs vont même jusqu'à prédire que les gens pourront garder leurs téléphones connectés en permanence moyennant un abonnement initial[14].

❑ *Connexion en tous lieux et avec une gamme de plusieurs instruments :*
De plus en plus, des interconnexions se développeront aussi entre les différents moyens de communication à la disposition d'une même personne : un appel pourra être retransmis d'un téléphone portable vers un téléphone fixe, vers un ordinateur… Les instruments eux-mêmes évoluent vers des outils multifonctions : le téléphone portable remplira largement les fonctions d'un ordinateur portable[15].

❑ *Échange de données multimédias :*
Une communication téléphonique n'occupe qu'une très faible place dans la bande passante du réseau. En revanche, le transfert de données et le multimédia génèrent des exigences de débits plus importantes que la voix. Dès à présent, le transfert de données représente globalement un volume de trafic de télécommunication supérieur à celui de la voix.

---

[14] C'est ce qui se passe déjà avec Internet avec les forfaits à connexion illimitées et encore plus avec Internet par le câble où le coût de la communication téléphonique n'existe plus.

[15] Comme le fait déjà un système proposé par « Nokia »

# Le couplage Internet / Télécoms

❑ Internet a été conçu dès le début pour relier non seulement des ordinateurs différents mais aussi des ordinateurs **distants**, physiquement séparés des uns des autres par plusieurs milliers de kilomètres. Le bon fonctionnement d'Internet repose donc sur des réseaux de télécommunications performants.

❑ Réciproquement, Internet et les technologies qu'il a contribué à développer favorisent l'expansion des télécommunications :
   - En abaissant leurs coûts (grâce par exemple à la transmission par paquets) ;
   - En stimulant considérablement leur demande (notamment en générant une demande de trafic portant non seulement sur le téléphone classique mais sur la transmission de données et d'images) ;
   - En permettant une interconnexion générale des différents systèmes et réseaux de télécommunications (grâce notamment aux protocoles TCP/IP).

*En 1998, l'e-mail surpasse le téléphone comme le moyen de télécommunication le plus utilisé au bureau. : trois milliards de messages sont envoyés par jour par 100 millions d'utilisateurs[16].*

---

[16] P.N.U.D. Rapport sur le développement humain 1999.

# La magie de l'interconnexion généralisée

## Internet, créateur d'un espace de communication unifié

Internet « déconstruit » l'ordinateur au profit d'un espace de communication. Un ordinateur branché sur Internet peut faire appel aux capacités de mémoire et de calcul d'autres ordinateurs du réseau (qui, eux-mêmes, en font autant), ainsi qu'à divers appareils distants de capture et d'affichage d'information. Toutes les fonctions de l'informatique (saisie, numérisation, mémoire, traitement, affichage) sont distribuables et, de plus en plus, distribuées. L'ordinateur n'est plus un centre mais un élément, un fragment de la trame, un composant incomplet de l'universel réseau calculant. « A la limite, il n'y a plus qu'un seul ordinateur, un seul support pour texte, mais il est devenu impossible de tracer ses limites, de fixer son contour. C'est un ordinateur dont le centre est partout et la circonférence nulle part[17] ».

## Internet, générateur et multiplicateur d'interactions

Internet autorise une communication à grande échelle qui constitue une avancée décisive vers des formes nouvelles et plus évoluées d'intelligence collective selon Pierre Lévy, qui poursuit : « les médias classiques (relation un-tous) instaurent une séparation nette entre centres émetteurs et récepteurs passifs isolés les uns des autres. Les messages diffusés par le centre réalisent une forme grossière d'unification cognitive du collectif en instaurant un contexte commun. Néanmoins, ce contexte est imposé, il ne résulte pas de l'ac-

---

[17] Cf. Pierre Lévy, « Sur les chemins du virtuel », texte publié sur Internet.

tivité des participants au dispositif, il ne peut être négocié transversalement entre les récepteurs. Le téléphone (relation un-un) autorise une communication réciproque, mais ne permet pas de vision globale de ce qui se passe sur l'ensemble du réseau ni la construction d'un contexte commun. Dans le cyberespace, en revanche, chacun est potentiellement émetteur et récepteur dans un espace qualitativement différencié, non figé, aménagé par les participants, explorable. Ici, on ne rencontre pas les gens principalement par leur nom, leur position géographique, ou sociale, mais selon des centres d'intérêts, des préoccupations communes ».

*Selon des modalités qui s'affinent d'année en année, Internet et le Web offrent des instruments de construction coopérative d'un contexte commun dans des groupes nombreux et géographiquement dispersés. Il ne s'agit plus seulement d'une diffusion ou d'un transport de messages mais d'une interaction au sein d'une situation que chacun contribue à modifier ou stabiliser, d'une négociation sur des significations, d'un processus de reconnaissance mutuelle des individus et des groupes. Des « communautés électroniques » se constituent ainsi qui font preuve d'un remarquable dynamisme.*

## Internet, intensificateur des échanges

D'une manière générale, en abaissant le coût et en réduisant la difficulté des échanges, Internet les multiplie considérablement. Certes, à certains égards, Internet peut apparaître comme se substituant à des dialogues face à face entre les personnes. Mais la dynamique qu'il génère fait que, loin de supprimer les modes d'échanges traditionnels, il contribue à stimuler leur développement. Ainsi, si les e-mails et si la visioconférence permettent d'éviter un certain nombre de déplacements physiques, ces nouveaux modes de fonctionnement génèrent en même temps un besoin d'échanges plus approfondi qui se traduit par la multiplication des rencontres effectives entre les personnes.

Pour autant, l'abolition des distances, la baisse des coûts, l'intensification des échanges ne signifie pas que les obstacles aux interactions entre les entreprises, les institutions et les hommes soient éliminés. Le contraste des cultures[18], la différence des mentalités sont autant de barrières restrictives.

## Internet, facteur de démocratisation relative

Internet et le Web tissent donc une toile mondiale qui permet à chacun d'accéder à tout moment en tous lieux et sous les formes les plus diverses aussi bien aux informations pratiques les plus prosaïques qu'au savoir de l'humanité.

Ceci représente un progrès considérable par rapport au passé dans la mesure où l'effort requis pour accéder à cette information et au savoir devient de moins en moins grand tandis que les bénéfices de cet accès sont de plus en plus importants.

Réciproquement, Internet et le Web rendent également beaucoup plus faciles et beaucoup moins coûteuses la création et la diffusion de messages à caractère personnel ou professionnel. Ils abaissent les barrières à la création d'affaires viables.

*Même si l'accès à Internet demeure encore très fortement inégalitaire à l'échelle mondiale, il n'en reste pas moins que le Web représente une force de démocratisation de la connaissance et de la capacité d'action.*

---

[18] Si les barrières linguistiques existent encore très fortement, elles sont néanmoins en train de s'atténuer quelque peu grâce aux logiciels de traduction simultanée, disponibles sur Internet et qui permettent de se faire une idée du sens général du texte à défaut d'une traduction éclairée.

## Internet, facteur de croissance économique

En tout cas, en intensifiant les échanges, Internet créer les conditions d'une croissance économique forte. Si les États-Unis connaissent depuis plus de neuf ans une croissance continue, un taux de chômage particulièrement bas, c'est parce que sans doute ils se sont orientés vers une utilisation intensive des nouvelles technologies de l'information et d'Internet en particulier. Le Président de la Réserve Fédérale américaine, Alan Greenspan, a d'ailleurs déclaré récemment : « Notre pays a connu une croissance plus forte de la productivité ces dernières années. Les perfectionnements extraordinaires apportés dans les ordinateurs et les technologies de l'information et de la communication ont contribué d'une manière décisive à cette tendance bénéfique ». Le rapport du ministère du commerce américain[19] souligne que la croissance des activités liées aux technologies de l'information a été plus de deux fois supérieure à la croissance du reste de l'économie. Les investissements dans les technologies de l'information représentent désormais plus de 45% de l'ensemble des investissements américains. La baisse des prix des ordinateurs, des logiciels et des télécoms a substantiellement contribué à contenir l'inflation de l'ensemble de l'économie.

## Internet, stimulateur du passage à un niveau d'organisation supérieur

L'interconnexion n'a pas seulement des vertus quantitatives, elle suscite aussi des formes d'organisation qualitativement plus élevées. Lorsque des cellules développent des fonctions de coordination dans des organismes multicellulaires, elles permettent le passage à un niveau

---

[19] « The emerging digital economy » US Department of Commerce, Avril, 1998.

d'organisation plus sophistiqué et plus complexe. A leur tour, les espèces vivantes s'entrecroisent et interagissent pour former des structures sociales, des écosystèmes qui s'articulent les uns aux autres dans des ensembles de plus globaux et de plus en plus complexes. Cette capacité du vivant à s'auto organiser, on la retrouve aussi dans des systèmes informatiques comme les réseaux de neurones artificiels. A cet égard, Joël de Rosnay montre comment l'évolution biologique, l'évolution humaine et l'évolution technologique peuvent converger vers un nouvel écosystème d'informations mondial : « Les particules, les atomes, les molécules, les macro-molécules, les cellules, les premiers organismes faits de plusieurs cellules, les populations faites de plusieurs organismes, les écosystèmes faits de populations, et puis l'homme qui extériorise aujourd'hui sa biologie, ses fonctions et ses sens : la vue par la télévision, les jambes par les transports, la mémoire par les ordinateurs, ... . Oui l'évolution continue, bien sûr. Mais maintenant, elle est surtout technique et sociale, la culture prend le relais. On pourrait dire que nous sommes en train d'inventer une nouvelle forme de vie : un macro-organisme planétaire qui englobe le monde vivant et les productions humaines, qui évolue lui aussi et dont nous serions les cellules. Il possède son système nerveux dont Internet est un embryon. Ce cerveau global, fait de systèmes interdépendants, relie les hommes à la vitesse de l'électron et bouleverse nos échanges[20] ».

Faut-il ajouter que ceci ne signifie pas pour autant l'absence de contradictions internes : un même homme abrite bien des passions et des tensions contradictoires ; alors d'autant plus l'humanité !

---

[20] Joël de Rosnay in « La plus belle histoire du monde, le secret de nos origines » Le Seuil, 1996.

*De toutes les technologies qui ont émaillées l'histoire de l'humanité, Internet est celle qui s'est répandue le plus rapidement :*

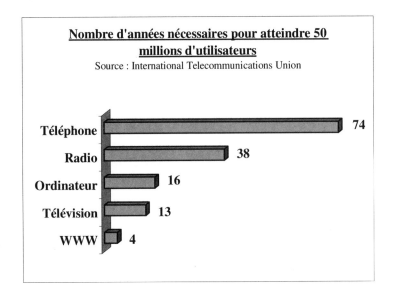

# Chapitre II

# Dématérialisation

*« En 6 ans, de 1990 à 1996, le poids moyen par dollar des exportations américaines a diminué de moitié »*[21] *.*

## Dématérialiser ses références : une faculté propre à l'homme

La capacité de l'homme de se projeter par la mémoire dans le passé, et dans l'avenir par l'imagination, son aptitude à se représenter d'autres espaces que celui où il se trouve, sa faculté d'abstraction, le conduisent à vivre dans un univers très largement virtuel. Cette dimension virtuelle inhérente à l'existence humaine, l'homme l'a développée au fil de son histoire en multipliant les inventions qui accroissent sa capacité non seulement de penser mais de fonctionner dans un monde virtuel. Il a créé des dispositifs, des outils, qui ont permis de dépasser les limites de sa propre existence et de son propre corps. L'écriture a constitué par exemple une étape qui a dissocié l'émetteur du message et permis de conserver et de multiplier le document au delà de l'existence de son auteur. Le téléphone a conféré une capacité d'ubiquité à son détenteur, et encore plus le téléphone portable en déconnectant celui-ci de son lieu de référence habituel.

---

[21] Diane Coyle, "The weightless world", MIT Press 1998.

Aujourd'hui, Internet et la révolution numérique s'inscrivent dans cette tendance lourde de l'aventure humaine qui consiste à échapper aux contraintes de l'espace et du temps et à créer des univers virtuels ayant chacun leur propre logique.

# L'articulation Internet / Numérique / Dématérialisation

Plate-forme universelle d'échanges des flux numériques Internet constitue le point de passage obligé de ceux-ci et un puissant moteur pour leur développement.

La révolution numérique contribue à la dématérialisation de l'économie et de la société à un triple titre :

- en créant des économies substantielles de matières premières et d'énergie à travers le remplacement des supports matériels de données et d'informations par des supports magnétiques et électroniques.

- en renforçant considérablement la dynamique de développement de la connaissance, connaissance qui est elle même un très puissant facteur de dématérialisation.

- En créant un monde « virtuel », mais très concrètement générateur de nouvelles opportunités telles que celles apportées par le commerce électronique.

## Le numérique sauve les forêts

Un des aspects les plus évidents et les plus concrets de la révolution numérique est bien l'économie de matière première permise par la numérisation[22]. Avec la mise sur CD-Rom, sur disque dur, des annuaires, des encyclopédies, des bases de données, ce sont des montagnes et des tonnes de papier qui sont économisées et ce sont autant moins d'arbres abattus dans les forêts de notre planète. Il convient certes de nuancer ce propos en indiquant que le besoin toujours croissant d'informations et les facilités d'obtention de celles-ci procurées par Internet conduisent à ce que malgré tout une demande forte d'information sur papier persiste et même s'accroisse. Mais néanmoins à volume égal d'information, l'économie est considérable[23]. Rappelons qu'un CD-Rom peut contenir le texte d'une encyclopédie de plusieurs dizaines de volumes et de plusieurs milliers de pages. Les progrès technologiques en matière d'accroissement de la capacité de stockage et de diminution du coût du support sont constants et remarquables. Alors que les disques durs des premiers PC étaient de l'ordre du méga-octet, ils sont aujourd'hui de l'ordre du giga-octet pour un prix nettement inférieur.

---

[22] La numérisation, c'est l'enregistrement d'un texte ( livre, rapport, lettre…), de la voix et du son, de l'image animée ou non, sous forme de données chiffrées codées en une succession de 0 et de 1 (code binaire) susceptibles d'être traitées informatiquement et transmises à distance. Cet enregistrement peut s'effectuer directement à partir de la source (en frappant un texte sur le clavier d'un ordinateur, en utilisant un appareil photo ou un caméscope numérique, un lecteur de codes barres) ou bien en convertissant un support matériel existant ( documents sur papier, cassettes audio ou vidéo) grâce à un scanner ou des « cartes » son ou vidéo spécifiques. Ce faisant, la matérialité de l'objet tend à s'effacer au profit de son codage en une série de chiffres. Les molécules sont remplacées par des octets. Les atomes cèdent la place aux bits. (Bit : de l'anglais « binary unit » ; unité élémentaire d'information codée sous la forme de 0 et de 1. Il faut huit bits pour former un octet. Un octet permet de représenter un caractère.)

[23] Selon Xplor International, une association d'entreprises intervenant dans les métiers de l'information <u>la proportion</u> de documents imprimés par rapport au total des documents va décliner entre 1995 et 2005 en passant de 90% à 30 %, mais en même temps <u>le nombre total</u> de documents imprimés va doubler dans la même période

Ces progrès sont possibles par une compression matérielle et logicielle toujours plus grande. Compression matérielle : on parvient à densifier toujours plus l'enregistrement physique des informations sur un même support[24]. Compression logicielle : on parvient à élaborer des algorithmes de plus en plus performants qui permettent d'utiliser considérablement moins d'octets pour une même qualité de signal[25].

Même le papier lui-même avec les facilités particulières de lecture et de conservation qu'il procure évoluera vraisemblablement vers des formes électroniques spécifiques. Des encres électroniques lui permettront d'accueillir successivement et rapidement le contenu de différents livres.

## Le numérique ne pollue pas

Le deuxième avantage de la numérisation est celui de la réduction de la dépense en transport et du coup en énergie. Au lieu d'expédier des livres, des rapports, des cassettes, par la route, par l'avion, consommateurs de carburants, etc…, on peut dès aujourd'hui — et on le pourra encore mieux demain — télétransmettre en temps réel, grâce à la numérisation et à l'augmentation de la bande passante[26] d'Internet, du texte, de la voix, de la musique, des images fixes et animées, de la vidéo, etc… . Internet

---

[24] Alors qu'un CD-ROM a une capacité de stockage de 650 méga-octets, les DVD-Rom ont une capacité théorique de 5 giga octet. L'augmentation de capacité par rapport au CD-ROM est due à : 1) des « pits » plus petits (environ 2,08 fois plus petit), 2) des pistes plus resserrées (environ 2,16 fois plus proches les unes des autres), 3) une zone de données un peu plus grande (environ 1,32 fois), 4) une modulation des channels bit plus efficace (environ 1.06 fois), 5) un système de correction d'erreurs plus efficace (environ 1,32 fois), 6) moins de « sector overhead » (1,06 fois). En outre il est possible de superposer deux couches de lecture sur la même face et d'avoir une lecture double face.

[25] Cf article de The Economist sur le MP3. Le MP3 est un format permettant une qualité de son remarquable avec un très faible encombrement de mémoire.

[26] L'augmentation de la bande passante d'Internet (c'est à dire sa capacité à transmettre un volume plus ou moins grand d'information en un temps donné) est en cours à travers une série d'investissements et de progrès techniques (renforcement régulier de la capacité des liaisons majeures, cyber-cable, ADSL, lancement d'Internet II).

joue un rôle décisif dans cette économie d'énergie en assurant la fluidité et le faible coût de ces télétransmissions. Internet mérite d'avoir l'Oscar des verts !

# La matrice inépuisable du numérique

Une des propriétés les plus révolutionnaires du numérique est sa capacité à produire des copies en nombre infini avec la qualité de l'original et à un coût à l'unité voisin de zéro. Il y a là un facteur décisif de dématérialisation puisque désormais le coût du support est négligeable (cf. par exemple le très faible coût de fabrication d'un CD-Rom) et puisque c'est l'information elle même, élément abstrait non matériel qui a de la valeur. La matérialité du support tend à s'effacer au profit de son codage numérique. D'où un bouleversement majeur du système économique et une économie de l'information fondée sur l'abondance et non sur la rareté. A partir du moment où une information est produite, il ne revient à guère plus cher de la diffuser à plusieurs milliers ou plusieurs centaines de milliers d'exemplaires qu'à quelques dizaines ou à quelques centaines.

## Internet, un système particulièrement économe

Dans ce contexte, Internet présente l'intérêt d'être un facteur d'économie supplémentaire. Si les millions de pages web réalisées de par le monde devaient être situées sur le disque dur de l'ordinateur de chacun pour qu'il puisse y accéder, il faudrait des millions de machines, chacune d'une énorme capacité et d'un coût considérable. Grâce au miracle de l'informatique partagée et en réseau qu'apporte Internet et le Web, chaque site Internet, et les informations et les contenus multimédias qu'il renferme n'ont pas besoin d'être physiquement présents dans le disque dur de l'ordinateur de l'internaute pour que celui-ci puisse les consulter. Un seul ordinateur, celui du fournisseur d'accès à Internet[27], suffit pour que ces données soient accessibles de la terre entière.

# Dématérialisation soustractive et dématérialisation additive

Internet et le numérique conduisent donc à une dématérialisation « soustractive » : moins de matière première, moins d'énergie, sont exigés pour réaliser des produits d'information. Mais ils génèrent également une dématérialisation « additive » : en intégrant des objets, des produits, dans des circuits d'information, ils les rendent "intelligents". Et cette intelligence permet à son tour d'économiser de la matière première, de l'énergie, du temps, de l'argent. Comment ceci est il possible ? Par le passage à une informatique diffuse, rendue possible par la miniaturisation croissante des microprocesseurs, des puces électroniques, d'une part, par une propagation généralisée de la puissance de traitement et de connexion informatique grâce à Internet, d'autre part.

## L'âge de l'informatique diffuse

### La dynamique de la miniaturisation
L'histoire de l'informatique peut se résumer à travers celle de sa miniaturisation et de sa réduction de coûts. Depuis l'ancêtre, l'ENIAC, qui occupait plusieurs salles, et avait mobilisé un budget considérable, l'informatique s'est répandue en passant des grands « mainframes » de plusieurs dizaines de milliers de dollars aux mini-

---

[27] (réserve faite des sauvegardes et des sites miroirs).

ordinateurs et surtout aux ordinateurs personnels, aux PC, accessibles au grand public. L'évolution même de ceux-ci s'est poursuivie à travers la possibilité de disposer de tailles de plus en plus réduites (cf. l'évolution des portables vers des ultra-portables et vers des ordinateurs de poche) et de coûts de moins en moins élevés (à tel point qu'ils en viennent même dans certains cas à être quasiment offerts en échange d'abonnement à Internet).

Au sein même des PC, ce sont les microprocesseurs qui en se miniaturisant et en densifiant leurs circuits accroissent considérablement leur performance au point de la faire doubler tous les 18 mois selon la fameuse loi de Moore[28]. Mais surtout, les microprocesseurs se font tellement petits, puissants et peu chers qu'ils se répandent partout dans des systèmes spécialisés (cf. encadré le PC détrôné), dans des appareils électroménagers (four à micro ondes, etc…), dans les cartes à puce qui trouvent elles-mêmes des applications de plus en plus nombreuses dans le domaine de la banque (sécurité accrue des cartes de crédit[29]),

---

[28] Gordon Moore, co fondateur d'Intel, avait observé dès 1965 que le nombre de transistors qui pouvait être placé sur une même surface avait doublé tous les dix huit mois depuis la création des circuits intégrés grâce aux progrès des techniques de gravure des circuits. Ainsi, selon la loi de Moore, la puissance des microprocesseurs (mesurée par le nombre de bits traités au cours d'une même instruction et par la fréquence du nombre d'instructions par seconde exprimée en megahertz) , double tous les dix huit mois.

[29] Les cartes à puce qui contiennent un microprocesseur ont la possibilité non seulement de stocker des informations mais également de procéder localement à des traitements sur des données et à des calculs complexes d'algorithmes. Elles peuvent ainsi être considérées comme un petit ordinateur portable placé sur une plaque de plastique et capable de supporter des applications présentant un niveau de service évolué et une garantie de sécurité élevée vis à vis des utilisateurs. Une des applications les plus évidentes consiste à chiffrer les informations échangées par la carte et à mettre en œuvre des mécanismes évolués de sécurisation pour contrer les tentatives de fraude.

de la santé (Carte Vitale[30]), des télécommunications (Carte Sim[31]).

La miniaturisation joue donc comme un élément de dématérialisation du fait qu'elle conduit mécaniquement à des économies de matières premières. Mais surtout c'est un extraordinaire facteur de la pénétration de l'informatique dans les objets et les activités les plus diverses.

D'ici peu, nous pourrons faire à peu près tout ce que nos ordinateurs nous permettaient de faire avec des appareils qui tiennent dans le creux de la main.

---

[30] En France, le gouvernement a mis en place un projet nommé "Sésam Vitale". Ce projet (15 millions de cartes à microprocesseur) a pour double objectif de réduire les procédures administratives et contrôler les dépenses de santé. Elle permet de stocker des informations, de garantir leur sécurité, et de simplifier les différentes procédures. La carte permet de gérer différents niveaux d'information selon les autorisations. Ainsi, par exemple :

- le médecin peut avoir accès à tout l'historique médical de son patient,
- le pharmacien accède uniquement à l'information concernant la prescription,
- toute personne peut lire l'information essentielle (identité du détenteur, personne à contacter en cas d'accident...) .

[31] Le monde de la téléphonie cellulaire utilise de plus en plus la carte à microprocesseur. L'avantage de cette solution est la possibilité de stocker l'information dans la carte et non dans le téléphone. Ainsi, la carte à microprocesseur permet à un abonné d'effectuer des appels à partir de n'importe quel téléphone portable. La facture est renvoyée directement sur son compte personnel. Un code secret (le PIN) permet de garantir l'abonné contre toute fraude. De plus, grâce à la carte à microprocesseur le téléphone portable peut brouiller l'appel afin d'assurer la confidentialité. Très bien couvertes par des normes dédiées et indispensables à la sécurité des réseaux, les cartes d'abonné vont continuer à se développer parallèlement aux systèmes de télécommunications mobiles.

## Le PC détrôné

C'est précisément au moment où le PC atteint son apogée avec une diffusion record que sa suprématie totale apparaît menacée. Les PC vont perdre leur statut de solution informatique universelle parce qu'ils vont être de plus en plus concurrencés par des appareils spécialisés qui ne présenteront pas leurs inconvénients (insuffisance de fiabilité, difficulté d'emplois, lenteur au démarrage, etc...). Ces appareils spécialisés n'auront pas le caractère multiusage, généraliste, du PC. Ils seront dédiés à des tâches plus précises et plus limitées (envoi et réception d'e-mail, opérations bancaires à distance, jeux interactifs, téléphonie mobile, etc...) mais disposeront en standard d'une capacité de traitement considérable (due à la puissance croissante des microprocesseurs) et d'une connexion à Internet. Par exemple, les prochains téléphones portables incluront dans un même combiné voix, télécopieur, Internet, et le cas échéant des applications bureautiques.

Les normes universelles de communication établies par Internet (les protocoles TCP/IP) rendent possible la connexion entre ces multiples appareils « clients » et de puissants serveurs fournisseurs de base de données et de performance. L'informatique d'hier (et encore à certains égards celle d'aujourd'hui) peut être comparée à l'électricité en 1900 où, en l'absence de réseaux nationaux, l'électricité était produite localement d'une manière bruyante et peu fiable. L'informatique couplée à Internet d'aujourd'hui et de demain est une informatique en réseau où à l'instar des réseaux électriques fournissant le courant, l'information et la puissance de traitement seront distribuées d'une manière sûre et efficace.

S'en tenir à ces perspectives – pour intéressantes qu'elles puissent être - serait cependant une vue bien étriquée des choses. En effet, l'impact majeur de la révolution Internet et numérique, c'est de dynamiser le processus de développement de la connaissance à un point inconnu jusqu'alors. Car cette extension extraordinaire et accélérée des frontières du savoir (« La masse des connaissances double tous les 8 ans. En 2020, ce temps sera réduit à moins d'une année[32] ») entraîne à son tour une dématérialisation extrêmement forte de l'économie et de la société.

# La connaissance, moteur de la dématérialisation de l'économie et de la société

## La vertu économisante de la connaissance et de l'intelligence

Vous êtes Robinson sur une île déserte. Pour survivre vous attrapez péniblement des poissons dans les rochers en y passant la journée entière. Pour gagner du temps, vous décidez alors de vous consacrer à la fabrication d'un filet qui va vous permettre d'attraper quatre poissons dans le temps où, sans filet, vous n'en auriez pris qu'un. Vous avez fait un investissement. Mais vous avez accompagné votre investissement physique, la réalisation du filet, par un investissement intellectuel : vous avez réfléchi pour aboutir à l'idée de construire un filet, vous avez réfléchi sur la meilleure manière de fabriquer votre filet.

➢ *L'investissement intellectuel précède et accompagne l'investissement matériel.*

---

[32] Georges Charpak in La Revue des Deux Mondes mars 1999.

Maintenant, vous avez envie d'économiser votre énergie en prenant encore plus de poissons en encore moins de temps :

- Vous réfléchissez peu, vous faites un faible investissement intellectuel, et vous construisez un deuxième filet selon les mêmes techniques que celles que vous avez utilisées pour le premier. Vous êtes dans une économie classique où une augmentation de la production ne peut s'obtenir que par un injection proportionnelle de ressources matérielles.

- Vous réfléchissez plus, vous faites un investissement intellectuel substantiel, et vous construisez un deuxième filet plus performant parce que vous avez pensé à la manière d'augmenter ses performances. Vous êtes dans une logique d'innovation technique au sein d'une problématique bien circonscrite (fabriquer des filets).

- Vous prenez le temps d'une réflexion plus fondamentale et plus approfondie, vous faites un investissement intellectuel lourd, vous décidez de construire un bateau et vous mobilisez vos connaissances à cet effet. En redéfinissant la problématique immédiate (fabriquer des filets) et en la réinscrivant dans une perspective plus large (attraper plus de poissons, disposer de plus de temps et pouvoir se déplacer plus facilement), vous avez créé un système plus performant et un nouveau champ de possibilités.

➢ *Le degré d'investissement·intellectuel détermine largement la nature et les performances de l'investissement matériel.*

Alors que l'investissement matériel permet de diminuer les ressources pour accomplir une tâche donnée. l'investissement intellectuel est lui même un facteur décisif de réduction de l'investissement matériel nécessaire.

> ➤ *L'investissement intellectuel joue ainsi un rôle clef pour épargner les matières premières, l'énergie, les ressources humaines, les moyens financiers, le temps.*

L'intelligence et la connaissance font donc que notre monde évolue en tendant constamment vers des gains de performances et de productivité, économiseurs de ressources. On peut le constater au travers de multiples exemples : miniaturisation des systèmes informatiques (économie d'espace), meilleure performance des moteurs dans l'automobile (économie d'énergie), flux tendus (économie de capitaux), etc… .

Aujourd'hui donc, le mouvement des sciences et des techniques est devenu un des principaux facteurs de compétitivité. C'est désormais sur l'espace du savoir que s'investissent prioritairement les stratégies des acteurs économiques comme elles le faisaient autrefois sur le territoire ou dans le capital industriel.

> ➤ *L'espace de la connaissance est devenu un nouveau terrain stratégique.*

## La vertu démultiplicatrice de la connaissance et de l'intelligence

L'intelligence et la connaissance possèdent plusieurs vertus tout à fait originales ; et parmi celles-ci celle d'avoir la capacité de constituer un cercle vertueux d'auto-renforcement cumulatif.

C'est ainsi que la prise en compte d'informations élémentaires permet un premier niveau d'économie. Par exemple, la prise en compte en temps réel de la température locale va permettre de réguler le chauffage et de l'optimiser en conduisant à des économies d'énergies. L'électronique d'un système d'injection va permettre de diminuer la consommation d'essence d'un moteur.

L'information en temps réel sur la localisation des matières et pièces va permettre de tendre les flux d'un système logistique, donc de réduire les délais, et par conséquent les stocks, et par conséquent les capitaux.

Mais on perçoit bien qu'un niveau plus élevé d'économie est possible lorsque un programme informatique sophistiqué, éventuellement cristallisé au sein d'un microprocesseur, d'une puce électronique, ou d'un ordinateur, permet de saisir plus finement et plus rapidement les données, de les traiter selon des algorithmes plus performants, d'en tirer des conséquences mieux optimisées, grâce à des recherches et à des connaissances de niveau supérieur.

Et on s'aperçoit encore que l'élaboration d'un logiciel « auteur » permettant de créer plus rapidement ce type de programme informatique apporte une réduction des moyens jusque là nécessaires à son élaboration. Un tel logiciel « auteur » représente donc un nouvel investissement intellectuel appliqué à un investissement intellectuel déjà existant et permet ainsi de multiplier les gains de productivité.

> ➤ *L'investissement intellectuel sur l'investissement intellectuel sur l'investissement intellectuel, etc... nous entraînent ainsi dans une spirale démultiplicatrice, source de l'accélération sans précédent de la masse des connaissances de l'humanité.*

Nous sommes ainsi conduits dans une cascade de **méta-connaissances**, c'est à dire de connaissance de la connaissance de la connaissance, etc… .

Ce processus de méta-connaissance, de connaissance de la connaissance, mérite d'être précisé. Il diffère du simple commentaire, comme par exemple des gloses, c'est à dire des commentaires sur les commentaires dans lesquelles les religions du Livre, judaïsme, christianisme, islam, ont excellé, notamment au Moyen Age. La méta-connaissance ne vise pas à interpréter les intentions d'un texte pour l'actualiser ou revenir à la pureté des conditions d'origine. Elle vise à passer directement à une **conceptualisation** de niveau supérieur qui peut prendre diverses formes :

- Passage à un concept englobant des éléments nouveaux, autres que ceux à l'origine de la réflexion.
- Démarche méthodologique sur les conditions de la production et de mise en œuvre de la connaissance.
- Création de systèmes capables de se modéliser eux-mêmes, de raisonner sur leurs propres comportements et de pouvoir les modifier. Par exemple dans le cas d'un langage informatique orienté objet, capacité d'accéder à sa propre représentation et de contrôler son exécution en multipliant les niveaux « méta » (réflexivité[33]).

Plus généralement, ce processus de passage à un niveau conceptuel supérieur, de « méta-isation [34]», peut s'inscrire dans ce qu'on a appelé la chaîne de la connaissance.

---

[33] La réflexivité est basée sur trois principes.
- Le premier principe est l'existence de deux niveaux de langage. Le premier niveau est le niveau qui manipule les objets représentants le monde réel. C'est le niveau de base de langage. Le second niveau est le niveau méta. A ce niveau, les objets manipulés sont des représentants des objets manipulés au niveau de base.
- Le second principe est le lien de causalité entre les deux niveaux. Toute modification au niveau méta est répercutée au niveau de base.
- Le troisième principe est la généralisation de deux principes précédents. Cette généralisation consiste à généraliser le nombre de niveaux de langage pour que, à chaque niveau n, il existe un niveau méta de celui-ci (niveau n+1). Ainsi on définit un niveau méta du niveau méta et ainsi de suite. Ce principe introduit l'aspect infini de la réflexivité.

[34] Il est intéressant de rappeler qu'Internet et le Web fonctionnent fondamentalement à partir d'opérations méta. Comme l'indique Tim Berners Lee l'expression « méta » est utilisée pour tout élément qui fait l'objet d'une information sur lui-même. Un méta-livre est un livre sur le livre, une méta-donnée est une donnée sur une donnée. La force d'Internet tient à ce que chaque petit paquet de données transmis par des voies diverses et variées ne se perd pas parce qu'il fait l'objet d'une information sur lui-même. Nicolas Negroponte montre à propos de la télévision comment la culture du numérique l'emporte sur la culture de l'analogique parce que cette méta information, présente dans le codage des signaux, permet des processus d'autocorrection des erreurs et une grande

# Le caractère non destructif de l'utilisation de la connaissance

La connaissance n'est pas détruite par son utilisation. A la différence d'un bien consommable dont la consommation entraîne la disparition (manger un gâteau, consommer de l'essence en circulant….), l'utilisation de la connaissance par une personne n'empêche pas son utilisation par une autre. Ce n'est pas parce que je transmets mon savoir que je vais l'oublier. L'utilisation de la connaissance est non destructive.

La connaissance est donc régie, non par une économie de la soustraction, mais par une économie de l'addition.

souplesse de fonctionnement et de traitement (variation des formats etc…) par rapport aux normes rigides de l'analogique.

# La chaîne de la connaissance : des données brutes à l'intelligence et aux compétences

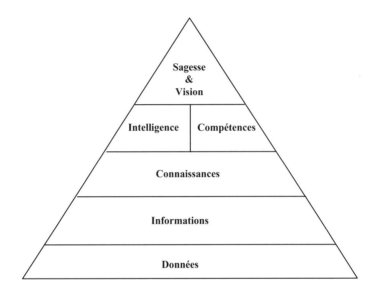

## Données

La base de la chaîne de la connaissance est constituée par les données. Ce sont des faits mesurables et enregistrables (taux de CO2 dans l'atmosphère, liste des achats effectués par un client au supermarché ou sur Internet, etc…). La capacité accrue de l'informatique à stocker les données et d'Internet à les transmettre ne doit pas faire oublier malgré tout que, tant qu'elles ne sont pas traitées, les données peuvent donner lieu à une illusion de précision scientifique procurée par leur caractère objectif et factuel et à une accumulation susceptible de noyer l'information. Les données ne comportent pas en effet de signification en elles mêmes mais constituent la matière première pour la création de l'information.

## Information

L'information est un message qui change la perception et éventuellement le comportement de celui qui le reçoit (étymologie latine : informare = donner forme à). L'information a une signification, une pertinence, un objectif... les données deviennent de l'information quand on y ajoute de la signification à travers des processus de calcul et de traitement statistique, de filtrage, de catégorisation, de correction, de synthèse, de replacement dans un contexte, etc... .

## Connaissance

La connaissance est plus difficile à appréhender que l'information parce que c'est un ensemble d'expériences structurées, de valeurs, d'informations replacées dans leur contexte et d'intuitions d'expert qui fournissent une structure pour évaluer et intégrer de nouvelles informations et de nouvelles expériences.

- La connaissance n'est pas d'ordre uniquement rationnel. Sa capacité à organiser, sélectionner, juger, provient autant de systèmes de valeurs et de croyances que de logiques et d'informations.
- La connaissance sait faire la part de la complexité et de l'ambivalence. En effet, la certitude et la clarté peuvent être obtenues au détriment d'éléments essentiels.
- La connaissance est facteur de rapidité. Elle permet à son possesseur de traiter rapidement des situations complexes qui déconcerterait un novice ; d'où l'importance de l'expérience et de l'intuition (l'intuition étant à certains égards un condensé d'expertise).

### Intelligence et compétence

La connaissance débouche à un niveau supérieur sur deux types de capacités :

- une capacité de compréhension en profondeur du contexte, du pourquoi et du comment, en bref, une capacité d'intelligence ;
- une capacité d'action renforcée à travers des compétences qui peuvent éventuellement être explicitées, codifiées, transmises à d'autres personnes, et cristallisées dans des procédures et des routines.

### Sagesse et Vision

A un stade encore plus élevé, se trouvent la réflexion sur l'éthique et sur les finalités passées, présentes, et à venir.

# L'apport d'Internet et de l'informatique à la chaîne de la connaissance

La progression fulgurante de l'industrie informatique et d'Internet est à la fois l'illustration et le moteur d'une progression dans la chaîne de la connaissance.

### Données

Les débuts de l'informatique sont centrés sur le traitement des données dont le besoin croit considérablement avec le passage à une économie tertiarisée où dès les années 60 le nombre d'employés dépasse le nombre d'ouvriers. Mais la saisie des données demeure alors une opération fastidieuse et onéreuse. Aujourd'hui la diffusion du numérique, des capteurs électroniques et des microprocesseurs, fait que les données sont le plus souvent saisies sous une forme directement numérique, qu'elles sont disponibles en abondance dans des proportions inimaginables autrefois parce qu'elles sont de moins en moins coûteuses à récolter et parce qu'elles peuvent être aisément transmises par Internet. Elles peuvent ainsi être collectionnées et amassées dans de gigantesques bases de données, des « entrepôts de données » (« data warehouses », et être traitées à travers des processus sophistiqués d'exploitation (« data mining »).

## Information

La profusion des données fait que l'on parle de surcharge, d'excès de données. C'est alors que sont mis en place des programmes qui permettent de dégager de l'information signifiante parmi des masses considérables de données : « data mining » permettant de repérer des comportements de consommateurs à travers des corrélations inattendues (cf. la liaison entre l'achat de bière et l'achat de couches-culottes), tableurs qui permettent de gérer des masses de données financières et de procéder à des simulations instructives, etc... . Internet permet d'accéder à l'information journalistique de la presse écrite, de la radio et de la télé, provenant du monde entier et en temps réel.

## Connaissances

Internet apporte donc à son tour une surabondance d'informations, mais procure en même temps les moyens d'y remédier en filtrant les informations pour ne retenir que celles pertinentes pour l'acquisition d'une réelle connaissance. Les moteurs de recherche qui annoncent plusieurs centaines voire plusieurs milliers de pages web sur un sujet donné peuvent en même temps vous permettre d'affiner votre recherche selon des critères qui vous sont proposés ou que vous définissez vous-mêmes.
D'autre part, avec le Web, l'accès à la connaissance n'a jamais été aussi large (on peut accéder, par exemple, à toutes sortes de connaissances scientifiques), ni aussi fa-

cile (parce que quelques clics de souris suffisent, et, surtout parce que beaucoup de sites et notamment des encyclopédies thématiques spécialisées offrent des vulgarisa-
tions de qualité pour les novices), ni aussi peu coûteux
(un très grand nombre de sites sont gratuits).

## Intelligence

Avec les caractéristiques d'interactivité, de personnalisation, d'indifférence à la distance, qui lui sont propres, Internet est en train de faire passer la formation et
l'enseignement à distance au rang de véritable industrie
qui conduira inévitablement à une évolution des systèmes
éducatifs traditionnels. A travers des exercices théoriques
et pratiques, ce ne sont plus seulement des connaissances
qui sont transmises mais une compréhension en profondeur, une intelligence, du sujet.

## Capacité d'action et Compétences

### Capacité d'action

Depuis les manuels de maintenance disponibles sur CD-
Rom ou en ligne sur Internet et qui accroissent la capacité
et la rapidité des dépanneurs jusqu'aux agents intelligents
à l'œuvre sur le Web, tout une gamme de produits numérique s'est développée.

Les agents intelligents au service des utilisateurs remplissent à leur place des tâches complexes et fastidieuses et
dévoreuses de temps telles que :

- la recherche continue et permanente d'informations
  dans un ou plusieurs domaines que l'utilisateur a spé-
  cifié (fonction de veille et d'alerte par envoi de messages adéquats dès qu'un événement, une information
  nouvelle et significative est détectée) ;
- la recherche de personnes qui ont les mêmes antécé-
  dents que l'utilisateur ou qui partagent ses préoccupations et ses centres d'intérêts ;

- la recherche de produits et de services qui correspondent aux attentes de l'utilisateur ;
- la comparaison de prix entre différents fournisseurs présents sur le Web, etc… .

Ce sont donc des secrétaires, des assistants numériques, qui permettent d'économiser temps et énergie pour se concentrer sur des choses plus fondamentales.

## *Les agents intelligents*

Les agents intelligents remplissent des fonctions d'automatisation, de personnalisation, d'alerte, d'adaptation, de guidage. Ils peuvent :
- accomplir des tâches répétitives (automatisation) et fournir ainsi une productivité accrue ;
- personnaliser et filtrer l'information (personnalisation) et réduire la surcharge d'informations ;
- alerter l'utilisateur sur des événements significatifs (alerte) et diminuer ainsi la charge de travail ;
- apprendre progressivement à tenir compte du comportement de l'utilisateur (adaptation) et anticiper ainsi ses demandes ;
- guider l'utilisateur dans son interaction avec un logiciel ou un site Internet (guidage) et diminuer ainsi son temps d'apprentissage.

Compétences
Des programmes informatiques permettent désormais :
- d'identifier les compétences au sein d'une entreprise ou d'une organisation (cf. les « arbres de compétences ») ;
- d'expliciter, de formaliser et de transférer des compétences conceptuelles (cf. élaboration et mise en œuvre de nombreux systèmes experts) ;
- de transmettre des savoir-faire concrets, des tours de main, par une pratique de la simulation (cf. de nombreux systèmes de simulation dans les domaines les plus divers : pilotage d'avions ou de véhicules, interventions médicales, etc..).

> *On voit donc qu'à tous les étages de la chaîne de la connaissance, Internet et la révolution numérique permettent des progrès de productivité informationnelle et intellectuelle considérables.*

> *La dynamique de ces progrès de productivité s'applique notamment à Internet et à l'informatique en général générant ainsi – notamment par « l'effet méta » – un cercle vertueux d'auto-renforcement de capacité et de puissance.*

On constate ainsi que sans abandonner les tâches les plus élémentaires de recueil de données et de traitement de l'information, Internet et le numérique construisent des « machines intellectuelles » de plus en plus performantes grâce aux progrès parallèles du matériel (augmentation explosive de la puissance de traitement) et du logiciel. Pour le logiciel « l'effet méta » joue à plein avec la multiplication de couches logicielles de plus en plus sophistiquées permettant :
- des interfaces d'autant plus simples et conviviales entre l'utilisateur et la machine,

- l'instillation d'une capacité d'intelligence artificielle de plus en plus opératoire (raisonnement logique avec les moteurs d'inférence, adaptation intelligente à l'environnement avec les agents intelligents),
- la génération automatique de logiciel par du logiciel.

En outre, grâce à sa fonction éminente d'interconnexion, Internet apporte une dimension spécifique et extraordinairement productive : la facilitation du travail coopératif en commun à une très grande échelle et sans considération de distance qui permet non seulement d'échanger des connaissances et des compétences acquises mais d'en faire surgir, d'en créer, de nouvelles. Là encore une augmentation de productivité est à prévoir avec les perspectives visant à faire en sorte que les systèmes de méta-information présents sur le Web (comme les méta-tags décrivant sommairement à travers des mots-clefs le contenu de la page web, etc..) évoluent suffisamment pour incorporer des indications plus complètes telles que auteur, propriété intellectuelle, etc… et pour permettre un travail coopératif automatique entre les ordinateurs. A présent, les pages web sont conçues pour être lues par des humains. A l'avenir elles devraient pouvoir être lues par des logiciels qui dialogueront directement et en permanence entre eux et nous épargneront du temps et de l'énergie.

# Un univers virtuel bien réel : le commerce électronique

Le réel n'est pas forcément matériel, il peut être également immatériel. Pourtant, lorsqu'on parle de cyberespace[35], de mondes virtuels, on aurait tendance à penser

---

[35] L'expression Cyberspace a été utilisée pour la première fois par un auteur de science fiction américain, William Gibson, dans son ouvrage « Neuromancer », publié en 1984.

qu'il s'agit là de mondes imaginaires n'emportant aucune conséquence concrète. D'où, sans doute, pour échapper à cette dérive qui nous fait douter du réel quand il ne s'incarne pas dans le matériel, le choix de l'expression « commerce électronique » pour désigner le commerce sur Internet. « Electronique » évoque une image plus technique, plus sécurisante que « virtuel ». En tout cas, le « e-commerce », est un commerce bien réel mais complètement dématérialisé.

Le commerce électronique ne touche pas seulement les particuliers en quête d'achats sur Internet. Il concerne aussi, et pour des chiffres d'affaires beaucoup plus considérables, les transactions commerciales inter-entreprises, le « business to business[36] ».

La révolution Internet modifie ainsi l'ensemble des marchés en les rendant de plus en plus électroniques, de plus en plus numériques, de plus en plus virtuels. Ceux-ci peuvent être plus ou moins intégralement numériques selon qu'ils impliquent numériquement, partiellement ou en totalité, trois composants clés :
- Des acteurs qui peuvent avoir une présence plus ou moins forte et plus ou moins totale sur le Web ;
- Des produits qui sont plus ou moins intégralement numérisés ;
- Des processus relationnels et commerciaux partiellement ou totalement numérisés.

---

[36] D'où l'expression d' « e-business » popularisée par la publicité d'IBM.

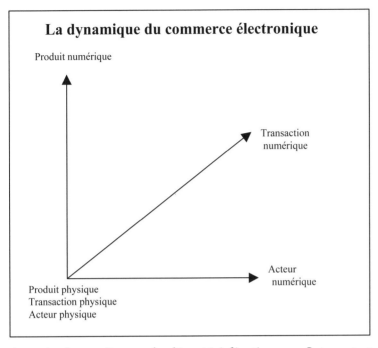

La dynamique du commerce électronique

Au sein de ces 3 axes de dématérialisation par Internet et le numérique, toutes les combinaisons sont possibles. Des vendeurs et des acheteurs peuvent se rencontrer sur le Web, éventuellement grâce à des intermédiaires également présents sur le Web. Tous deviennent alors des acteurs numériques. Mais ils peuvent négocier aussi bien l'achat de produits numériques transmissibles par Internet (information, jeux, musique, logiciel,…) que des produits par définition non numérisables (vins, fromages, voitures, équipements divers). La transaction peut être formalisée par des échanges traditionnels de documents papiers ou bien par des procédures électroniques spécialisées appelées EDI[37] (« Electronic Data Interchange ») et

---

[37] L'EDI (« Electronic Data Interchange ») a précédé le Web. Son intérêt est d'offrir des connexions sécurisées. Ses inconvénients sont son coût et le fait qu'il s'agit de systèmes « propriétaires » c'est à dire spécifiques et n'obéissant pas à un standard universel à la différence des protocoles universels d'Internet et du Web.

partagées par un réseau d'entreprises, ou bien encore sur le Web avec des systèmes d'identification et de paiement sécurisés.

> *Un marché devient intégralement virtuel lorsqu'il implique des acteurs présents sur Internet, des produits complètement numérisés et intégralement transmissibles sur Internet et des processus transactionnels s'effectuant à travers Internet.*

En tout état de cause la dynamique de la numérisation que nous avons déjà rencontrée pour les produits et services , joue également très fortement en faveur du développement de la dématérialisation des acteurs et de la dématérialisation des transactions.

**La dématérialisation des acteurs**

Elle s'effectue à plusieurs niveaux et sur plusieurs registres.

A un premier niveau se trouve des personnes physiques (particuliers) ou morales (sociétés, institutions) qui établissent une présence sur le net à travers des e-mails ou un site web et qui sont directement en ligne.
A un deuxième niveau, ces acteurs se font relayer par des agents intelligents qui comparent des prestations et des produits, voire négocient avec d'autres agents intelligents.

Par ailleurs à coté des entreprises classiques définies par une entité juridique claire et disposant de bureaux et de machines, se déploient des entreprises d'un type nouveau. Ces entreprises sont virtuelles soit parce qu'elles ne constituent pas une entité unique mais le rassemblement circonstanciel et provisoire d'autres entreprises à travers des accords temporaires de type joint-venture ; soit parce qu'elles ne disposent pas de bâtiments, de bureaux, de machines, parce que ce sont des entreprises sans murs, formées d'un réseau de télé-travailleurs.

Or ces entreprises virtuelles ont pour caractéristique commune d'être « des entreprises aux pieds légers », de n'avoir pas d'immobilisations coûteuses et encombrantes, d'avoir une capacité de réaction très rapide, qui les rendent redoutablement compétitives sur cet espace commercial virtuel qu'est le marché sur Internet.

## La dématérialisation des processus transactionnels

Le choix des produits à acheter, les appels d'offre, les commandes, le suivi de la livraison, le paiement, toutes ces étapes du processus de transaction peuvent se faire désormais dans des cas de plus en plus nombreux avec une grande économie de temps et de moyens. Ceci sans passer par des contacts physiques ni des documents papiers mais à travers des échanges électroniques qui présentent l'avantage de se dérouler en temps réel et de permettre des mises à jour instantanées, d'éviter les erreurs à l'occasion de saisies multiples, et du coup de coûter considérablement moins cher.

> ➤ *Comme Internet, le commerce électronique croît de jour en jour à un rythme accéléré. Il accompagne la dématérialisation de l'économie et de la société et y contribue puissamment.*

### Le commerce électronique américain 1998-2003
Source : eMarketer, 1999

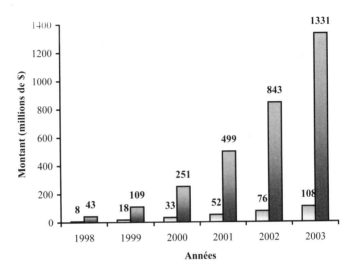

☐ Des entreprises vers les particuliers ■ Des entreprises vers les entreprises

# Regards sur la dématérialisation

## Rétrospective

### Une tendance séculaire...

Internet et le numérique s'inscrivent dans une tendance séculaire, car l'histoire de l'économie, c'est d'une certaine manière l'histoire de sa dématérialisation.

L'histoire de la monnaie en est un parfait exemple : à l'origine, la monnaie était constituée de biens plus ou moins encombrants qui tiraient leur valeur de leur utilité tels que le bétail[38], coquillages. Puis ce furent ultérieurement les métaux précieux – essentiellement l'or et l'argent – qui furent utilisés pour leurs qualités de transportabilité, d'inaltérabilité et de divisibilité. Avec le passage aux billets de banque le processus de dématérialisation franchit une étape essentielle. A présent, la dématérialisation est complète. La monnaie ne tire sa valeur que de l'acceptation générale. Aujourd'hui l'essentiel de la monnaie est représentée par des écritures électroniques dans les mémoires des ordinateurs et des cartes de crédit. Plus profondément encore on peut considérer que la monnaie est le type même d'objet « méta » : une représentation à un niveau d'abstraction supérieure d'une certaine réalité économique, une dérivée de cette réalité.

### Une tendance qui s'accélère

Plus récemment, depuis la dernière guerre mondiale, une ère post-industrielle, une « troisième vague »[39], émerge progressivement pour constituer une société cognitive dans laquelle les activités immatérielles et de services

---

[38] Il en reste des traces étymologiques : Pécunier, Pécuniaire, c'est à dire qui se rapporte à l'argent, à la finance, vient du latin « pecus » qui signifie le bétail

[39] Cf. A.Toffler, « La Troisième Vague ». Denoël 1980.

prennent une place de plus en plus importante. Aujourd'hui, plus de 7 actifs sur 10 en France et aux États-Unis travaillent dans les services. Comme Toffler l'a noté, ce passage implique un bouleversement majeur des institutions et des modes de fonctionnement et de pensée construits aux beaux jours de la société industrielle. Internet, et la révolution numérique s'inscrivent bien dans cette mutation de fond et contribuent à l'accélérer. Sur les 19 % d'actifs[40] qui travaillent dans l'industrie, ¾ travaillent en réalité dans les métiers fondés sur le traitement de l'information, comptables, chercheurs, designers, commerciaux, juristes…etc. A l'avenir, en l'espace d'une ou deux générations, le pourcentage d'ouvriers qui accompliront effectivement des tâches de l'époque industrielle ne sera pas plus élevé que celui des agriculteurs. Or aujourd'hui même les agriculteurs sont de plus en plus intégrés dans l'économie de l'information et de la connaissance. Ils ont des téléphones portables sur leurs tracteurs, ils gèrent des systèmes informatiques perfectionnés pour gérer leurs cultures et mettre leurs produits sur le marché. « Après l'économie agricole, l'économie industrielle et l'économie des services, voici venu le temps de l'économie de l'immatériel. Au cœur de l'économie agricole, il y avait la relation entre l'homme et la nature ; au cœur de l'économie industrielle, la relation entre l'homme et la machine ; au cœur de l'économie des services, la relation interpersonnelle entre les hommes. Dans l'économie de l'immatériel, c'est la relation entre l'homme, les idées et les images qui devient centrale. »[41]

---

[40] Source AtlasÉco2000 Le Nouvel Observateur 1999.
[41] Charles Goldfinger « Travail et hors travail : vers une société fluide », Odile Jacob, Édition 1998.

Un mouvement général vers une dématérialisation de plus en plus poussée qui se caractérise par :
- L'émergence d'une économie méta ;
- Le passage d'une économie de production à une économie de conception et de création ;
- L'émergence de valeurs moins matérialistes et plus altruistes.

## L'émergence d'une économie « Méta »

*Nous entrons aujourd'hui dans une économie « Méta » où c'est la connaissance sur l'objet ou bien sa valeur symbolique qui prend plus d'importance que l'objet lui-même.*

Considérons par exemple les marchés financiers internationaux. Ils constituent fondamentalement le niveau « méta » de l'économie en étant fondés sur les informations et sur les anticipations relatives à la situation des entreprises et des nations. Ils drainent des volumes d'argent plusieurs centaines de fois supérieurs à ceux des stricts échanges commerciaux. Ils sont de plus en plus le nerf de l'économie et peuvent faire varier la valeur d'une entreprise de plus de 40% en une journée. Ils prennent en compte non seulement les résultats de l'entreprise, mais sa dynamique, ses perspectives, ce qui entraînent souvent des écarts très substantiels entre résultats comptables et capitalisation boursière[42]. On voit donc bien que plus encore que l'argent détenu, c'est l'information sur l'argent[43] (et donc un niveau méta) qui devient essentielle[44].

---

[42] Cf les valeurs Internet .

[43] « L'information sur l'argent est plus importante que l'argent lui-même » W. Wriston Président de Citcorp.

[44] Avec naturellement les nouvelles capacités techniques d'information apportées par Internet et la révolution numérique.

Considérons maintenant, l'évolution des besoins et des désirs. Certes, depuis toujours, « l'homme ne vit pas seulement de pain ». Il a toujours eu des besoins et des désirs affectifs, esthétiques, intellectuels, spirituels, … .

Mais dans une économie de rareté, il fallait comme le rappelle le dicton latin « d'abord vivre et ensuite philosopher ». Aujourd'hui dans l'économie d'abondance qui est celle du monde développé, la satisfaction des besoins vitaux est assurée et la consommation se reporte sur des produits ou des services dont la valeur réside de moins en moins dans une réponse strictement fonctionnelle aux besoins et dans une proportion de plus en plus grande dans une réponse aux désirs et aux attentes d'ordre symbolique. Jean Baudrillard dans le « Système des objets » a mis depuis longtemps en évidence cette dimension signifiante des objets et le réseau sémantique qu'ils tissent entre eux. La force d'un produit réside donc de plus en plus dans sa capacité d'incarnation symbolique. Un niveau méta d'abstraction supplémentaire peut être encore ajouté. Ce n'est plus le produit lui-même qui fait sens par ses qualités intrinsèques, c'est en fait son intégration dans une marque. Et c'est cette marque (Chanel, Nike, etc…) qui répond au désir d'appartenance psychologique et sociale du client, à son désir d'identité. Du coup on voit bien comment, à la dématérialisation de la demande, répond la dématérialisation de l'offre. Nike ne fabrique plus des chaussures, mais de l'habillement sportif, passe de l'habillement sportif à la création d'événements sportifs et se virtualise en sous-traitant l'ensemble de sa production et en se bornant à gérer sa marque et son image.

## Le passage d'une économie de production à une économie de conception et de création

Nous avons suffisamment insisté sur le rôle de la connaissance comme moteur économique majeur d'aujourd'hui pour ne pas y revenir maintenant. Mais en revanche ce qu'il importe de souligner, c'est que l'économie actuelle requiert de plus en plus une capacité de conception originale, une capacité de véritable création, ne se contentant pas d'appliquer des connaissances pré-établies, fûssent-elles de haut niveau. En effet, on l'a vu, les systèmes experts, les agents intelligents, automatisent nombre de tâches intellectuelles, mêmes complexes, dès lors qu'elles sont répétitives. Il ne suffira plus d'être compétent, il faudra aussi être de plus en plus créatif.

> *La société de demain ne sera plus seulement une société de l'information, elle sera une société de l'initiative.*

## L'émergence de valeurs moins matérialistes et plus altruistes

La dématérialisation des besoins et des désirs va encore plus loin que ce nous évoquions ci-dessus. Elle se traduit par une prise en compte plus forte de valeurs qui ne sont pas simplement économiques et financières mais impliquent une recherche de qualité de vie[45] (à travers la famille, les amis, les voyages, la culture, l'épanouissement professionnel, etc.. et pas seulement la qualité du cadre de vie). Ces valeurs moins matérialistes incluent également des préoccupations altruistes : de plus en plus de gens sont concernés par l'environnement et la solidarité. Nombre d'entreprises s'efforcent de répondre à ces préoccupations à travers des actions de mécénat ou à travers l'adhésion à des normes environnementales (produits recyclables) ou sociales (produits non fabriqués par de jeunes enfants) par exemple, et en retirent au bout du compte un certain bénéfice moral et financier.

---

[45] Cf. les analyses récentes de la Cofremca et du Credoc.

Intelligence collective et Internet

Dans le fil de ces tendances moins matérialistes et plus altruistes, le philosophe Pierre Lévy a été un des premiers à mettre en avant le thème de la construction d'une intelligence collective grâce à Internet. Il a formulé la problématique de la construction de cette intelligence collective à l'échelle mondiale :

« Comment coordonner les intelligences pour qu'elles se multiplient les unes par les autres au lieu de s'annuler ? Dans une foule, les intelligences des personnes, loin de s'additionner, auraient plutôt tendance à se diviser. La bureaucratie et les formes d'organisation autoritaires assurent une certaine coordination, mais au prix de l'étouffement des initiatives et du rabotage des singularités ».

Il a esquissé une réponse :

Peut être en s'inspirant « des normes sociales, valeurs et règles de comportement censées régir (idéalement) le monde de la culture et de la science : évaluation permanente des oeuvres par les pairs et le public, réinterprétation constante de l'héritage, irrecevabilité de l'argument d'autorité, incitation à enrichir le patrimoine commun, coopération compétitive, éducation continue du goût et du sens critique, valorisation du jugement personnel, souci de la variété, encouragement à l'imagination, à l'innovation, à la recherche libre ».

Et il a développé une très belle comparaison avec le monde du sport, en marquant la différence entre spectateurs et joueurs, entre gradins et ballon :

« Les spectateurs n'ont pas d'action possible sur le spectacle qui les réunit, ils ont tous la même fonction face au terrain hors d'atteinte. Le lien (le spectacle du jeu) est transcendant par rapport aux personnes qui composent le collectif. Sur les gradins, faire société, c'est être pour et contre, être dans un camp, aimer les siens, huer les autres. Sur le terrain, en revanche, il ne suffit pas pour les joueurs de détester le camp d'en face. Il faut l'étudier, le deviner, le prévoir, le comprendre. Il faut surtout se coordonner entre soi en temps réel, réagir finement et rapidement « comme un seul homme », quoique l'on soit plusieurs. Or cette mise en synergie spontanée des compétences et des actions n'est possible que grâce au ballon. Sur le terrain, la médiation sociale abandonne sa transcendance. Le lien entre les individus cesse d'être hors d'atteinte, il revient au contraire entre les mains (ou bien aux pieds) de tous. La vivante unité des joueurs s'organise autour d'un objet-lien immanent[46] ».

➢ *Internet et le Web sont bien aujourd'hui des objets médiateurs d'intelligence collective, une manière inédite de faire intelligemment société.*

---

[46] Pierre Lévy « Sur les chemins du virtuel » extrait de textes diffusés sur Internet.

# Chapitre III

# Décentralisation

« *Vos enfants ne sont pas vos enfants. Ils sont les fils et les filles de l'appel de la Vie à elle-même. Ils viennent à travers vous mais non de vous… . Vous êtes les arcs par qui vos enfants, comme des flèches vivantes, sont projetés*[47] ».

L'évolution se caractérise par un mouvement émergent, du bas vers le haut, au fil de milliards d'années ; ce sont des éléments autonomes qui dialoguent, s'interconnectent, se mettent en réseau et du coup génèrent une organisation de niveau supérieur, capable d'accomplir des tâches plus complexes que ne le permettrait leur simple addition. Elle se traduit ainsi par des entités de plus en plus grandes et de plus en plus complexes : des atomes aux molécules, des cellules aux espèces vivantes, des hommes aux sociétés.

A une échelle plus immédiate, des mouvements d'auto-organisation, de co-évolution, peuvent donner naissance à des phénomènes apparemment complexes. Par exemple, une multitude d'individus agissant en parallèle et de manière simultanée, comme des oiseaux ou des abeilles, peut générer un comportement collectif intelligent à partir de règles de conduite simples. La pensée scientifique d'aujourd'hui a pris la mesure des capacités remarquables

---

[47] Khalil Gibran, « Le Prophète », texte disponible sur Internet.

des structures et des modes de fonctionnement décentralisés, reposant sur une large autonomie des unités de base.

Parallèlement, lorsqu'une organisation unique est déjà constituée et se développe, elle ne peut continuer à croître sans réorganiser sa structure, sans spécialiser ses fonctions, et sans les déléguer à des sous ensembles dotés d'une certaine marge de manœuvre. La décentralisation permet ainsi au centre de ne garder que des fonctions essentielles, de ne pas être submergé par la multiplication des opérations générées par sa croissance.

La décentralisation se situe donc à la rencontre d'un double mouvement :
- un mouvement émergent, du bas vers le haut ; ce sont des éléments autonomes qui font émerger des interactions fédératrices.
- un mouvement descendant, du haut vers le bas, dans lequel un centre déjà formé « sous-traite » une partie de ses fonctions et de ses tâches.

Aujourd'hui, Internet incarne au plus haut point la force et la souplesse d'une organisation décentralisée.
Internet, c'est d'une certaine manière le « **comble de la décentralisation** ». C'est l'alliance d'une puissance et d'un dynamisme considérables avec un fonctionnement complètement décentralisé et partant de la base. C'est aussi le « lubrifiant » d'une économie décentralisée, le moteur d'une décentralisation des organisations, elle même facteur de compétitivité. C'est enfin une ouverture vers de nouvelles formes et de nouvelles méthodes de contrôle.

# Internet et le Web : réseaux maillés et autonomie

- Les réseaux maillés fonctionnent sur la base d'une large autonomie de leurs membres, de leurs nœuds.
- Réciproquement, l'autonomie des nœuds assure au réseau maillé une grande capacité de résistance aux perturbations et, sous certaines conditions, une optimisation du coût de la transmission des messages.

## Internet, la force d'un réseau décentralisé

Internet fonctionne sur une base profondément décentralisée et sur une large autonomie de ses constituants :
- Au niveau de la structure du réseau, au niveau de sa « topologie » ;
- Au niveau du fonctionnement des nœuds du réseau ;
- Au niveau de l'organisation même des messages ;
- Au niveau de son management.

### Un réseau maillé sans aucun centre

Aujourd'hui, la notion de réseau est généralement perçue comme allant de pair avec un système décentralisé. Toutefois, il n'en a pas été, et il n'en va pas, toujours ainsi. En effet, des réseaux éminemment centralisés ont été construit « en étoile », comme le réseau ferré français, focalisé sur Paris ou encore, comme la télévision avec un point central d'émission. D'autre part, des réseaux décentralisés, mais structurés selon une hiérarchie forte, ont été réalisés dans le domaine du téléphone avec les centraux téléphoniques d'autrefois. En revanche, Internet a été conçu et fonctionne selon une structure totalement différente, celle d'un réseau maillé où chaque nœud est connecté à ses voisins immédiats et de proche en proche à l'ensemble du réseau sans passer par aucun centre. Internet est donc tellement décentralisé qu'il n'a pas de centre.

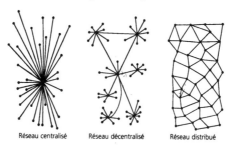

Réseau centralisé   Réseau décentralisé   Réseau distribué

*Illustration d'après « Les sorciers du Net » (ouvrage cité).*

## Des nœuds autonomes et actifs

Le réseau maillé est capable de bien fonctionner parce que les nœuds du réseau ne sont pas simplement des carrefours passifs mais des relais intelligents (les routeurs) où les paquets d'informations se voient préciser de proche en proche leur itinéraire optimal (comme un pompiste qui renseignerait les voitures sur l'état de la circulation et des embouteillages). Un routeur est en effet un dispositif, matériel ou logiciel, qui identifie en permanence (routage dynamique) les itinéraires possibles à travers le réseau, évalue leur praticabilité compte tenu de leur plus ou moins grande saturation, et détermine ceux qui offrent le trajet le plus rapide et financièrement le moins cher[48]. Au lieu d'une planification centrale des itinéraires, avec un seul cerveau donnant ses ordres à l'ensemble du réseau, Internet est un système d'intelligence répartie, ou chaque nœud procède aux arbitrages adéquats en fonction de l'état du réseau, un peu comme des opérateurs économi-

---

[48] Concrètement les routeurs se trouvent chez les fournisseurs d'accès à Internet (Internet Service Providers).

ques réalisent telle ou telle transaction en fonction de l'état du marché. De la même manière que l'on parle d'économie décentralisée à propos du jeu du marché, on peut parler d'Internet comme un système de communication décentralisé. Néanmoins le terme décentralisé est ici générateur d'ambiguïté parce qu'il pourrait laisser penser à une délégation de pouvoir d'un centre à des instances subalternes. Or pour Internet comme pour le marché ce n'est nullement le cas, il n'y a pas de centre, et ce qui est en jeu, ce sont des processus d'auto-organisation et d'auto-régulation, même si il existe bien sûr des conventions qui définissent un minimum de règles du jeu.

## Des paquets de données autonomes

L'organisation interne des messages transmis par Internet est elle même décentralisée. Comme on l'a déjà noté, Internet repose sur le principe de la transmission de données par paquets. Chaque message est décomposé en paquets élémentaires qui suivent chacun des routes différentes selon les opportunités détectées et gérées par les routeurs. Le message lui-même comporte une certaine capacité d'auto-organisation dans la mesure où, arrivé à destination, il rassemble, avec l'aide de l'ordinateur hôte, les paquets de données qui le composent d'une manière cohérente et conforme à sa version d'origine.

➢ *On peut donc observer que la structure décentralisée d'Internet va beaucoup plus loin qu'une simple décentralisation géographique mais consiste en une décentralisation des processus et des initiatives par l'instillation de mécanismes intelligents aux points clés du réseau.*

## Un management décentralisé

### Le développement des liaisons

Si le réseau des lignes de communication d'Internet a été initialement mis en place par l'administration américaine de la défense (Defense Advanced Research Projects Agency - DARPA) dans les années 70, puis a été développé par la National Science Foundation des États-Unis, il devient en 1995 l'affaire de grands réseaux privés de télécommunications. Aujourd'hui, le développement des lignes de communication d'Internet ne résulte plus seulement d'une logique de l'offre publique[49], mais est aussi tiré par la demande qui croît de manière exponentielle. Cette demande, qui émane des entreprises et des particuliers, est regroupée et relayée notamment par les fournisseurs d'accès, (Internet Service Provider – ISP) qui s'adressent eux-mêmes aux grands groupes de télécommunications et de transmission de données et les mettent en concurrence. Cette demande et cette concurrence amènent ces grands transporteurs à doubler chaque trimestre la capacité de transport de données sur leurs réseaux de fibres optiques pour répondre à l'accroissement vertigineux de la demande.

### Le management de l'évolution d'Internet

Comme l'indique Vinton Cerf, manager du programme Internet dans les années 70 à la DARPA, puis président de l'Internet Society en 1991, les instances de coordination

---

[49] Des réseaux ultra rapides viennent d'être créés par les gouvernements américains et canadiens, en partenariat avec les entreprises et les universités, pour relier les universités sous forme d'Internet 2 et Internet 3. Ces nouveaux réseaux visent à mettre en place des lignes (fibres optiques) et à tester des procédures permettant des capacités de communication ultra rapides avec pour objectif de diffuser, après expérimentation, ces nouvelles capacités aussi largement que possible et en faisant en sorte que le marché prenne le relais.

des différentes personnes et partenaires engagés dans le développement d'Internet, ont constamment évoluées au fur et à mesure que le succès d'Internet amenait un nombre croissant de participants et de nouveaux types de partenaires. Le souci des responsables a été de promouvoir un processus ouvert et équitable pour :

- Faciliter l'implication des partenaires commerciaux (normes ouvertes et libre transfert de connaissances).
- Assurer une impartialité vis à vis de ces partenaires commerciaux entre lesquels joue la concurrence.

Aujourd'hui, les enjeux concernant le pilotage de l'évolution d'Internet ont grandi en même temps que s'est accru le nombre de partenaires impliqués ayant un intérêt intellectuel ou économique dans Internet.

Devenu particulièrement difficile et délicat, le pilotage d'Internet fonctionne sur une base décentralisée à travers des processus de remontée des préoccupations et des exigences des partenaires dont les contradictions ne peuvent trouver leurs résolutions qu'à travers l'émergence d'un certain consensus.

## La nature décentralisée d'Internet en fait un réseau particulièrement résistant et contribue à diminuer le coût des communications

L'absence d'un centre principal, et même de centres secondaires dans le réseau maillé que constitue Internet, lui assure une grande résistance à l'égard de perturbations extérieures. En effet, dans le cas d'un réseau centralisé il suffit que le nœud central soit hors de fonctionnement pour que le réseau soit complètement bloqué. Dans le cas d'un réseau décentralisé, le risque est réparti sur plusieurs centres secondaires, mais demeure cependant. En revanche, un réseau maillé offre des possibilités de multiples itinéraires alternatifs en cas de défaillances ou de destruction d'un ou plusieurs nœuds et ainsi une bien meilleure sécurité. Ce souci de sécurité a été à l'origine de la conception même d'Internet, élaboré dans la perspective de résister à une attaque nucléaire. Un des concepteurs d'Internet, Paul Baran, a précisément configuré la structure du réseau pour assurer un effet de redondance à travers la multiplicité des nœuds.

Mais le réseau maillé et la commutation par paquets permet également de mieux utiliser les capacités des ordinateurs à communiquer économiquement[50]. Davies, physicien au National Physical Laboratory (NPL) britannique, pensait que les réseaux à circuit commutés du téléphone traditionnel étaient médiocrement adaptés aux exigences de dialogue entre ordinateurs. Le débit uniforme des canaux du système téléphonique convenait mal aux caractéristiques irrégulières, sporadiques du trafic des données générées par les ordinateurs. Adapter la conception du réseau aux nouvelles formes du trafic des données, telle était la motivation majeure de Davies, le père de l'expression « commutation par paquets ». Davies s'inspira des systèmes informatiques en temps partagé qui avaient déjà résolus, dans les années 60, le problème

---

[50] « Les réseaux à circuit commutés étaient médiocrement adaptés aux exigences de dialogue entre ordinateurs. Les caractéristiques irrégulières, sporadiques du trafic des données générées par les ordinateurs convenaient mal au débit uniforme des canaux du système électronique. Accorder la conception du réseau aux nouvelles formes du trafic des données est devenu la motivation majeure de Davies, physicien au National Physical Laboratory (NPL) britannique. Dans les années 60, les systèmes informatiques en temps partagé avaient déjà résolu le problème lancinant de la lenteur d'exécution en donnant à chaque utilisateur une tranche du temps de traitement de l'ordinateur. Plusieurs personnes pouvaient exécuter des tâches sans observer de retard significatif dans leur travail. De manière analogue, dans un réseau de communication numérique, un ordinateur pouvait découper les messages en petites portions ou paquets, les verser dans le pipeline électronique et permettre aux utilisateurs de partager la capacité totale du réseau » (in « Les sorciers du net », p. 80-81, Katie Hafner, Calmann-Lévy 1999).

lancinant de la lenteur d'exécution en donnant à chaque utilisateur une tranche du temps de traitement de l'ordinateur. Plusieurs personnes pouvaient exécuter des tâches sans observer de retard significatif dans leur travail. De manière analogue, dans un réseau de communication numérique, un ordinateur peut découper les messages en petites portions ou paquets, les verser dans le pipeline électronique et permettre aux utilisateurs de partager la capacité totale du réseau[51]. D'autre part, la petitesse des paquets et leur vitesse d'acheminement permet de faire coexister la transmission de plusieurs paquets sur une même ligne et de diviser ainsi le coût d'occupation de cette ligne[52].

Aujourd'hui, en permettant qu'un message ne monopolise pas la totalité d'un canal de transmission, la transmission par paquets permet une diminution très sensible du coût de l'ensemble des télécommunications qui est directement perceptible par les entreprises et les particuliers.

---

[51] (Les sorciers du net P. 80-81)

[52] Au tous début des réseaux informatiques, les ordinateurs communiquaient ans cesse l'un avec l'autre. Lorsqu'on voulait envoyer de l'information d'une machine à l'autre, le câble qui les reliait était réquisitionné à cent pour cent jusqu'à ce que le transfert soit terminé. Ce n'était pas avantageux car, lorsque plusieurs ordinateurs voulaient communiquer en même temps, il se créait de très longues files d'attente. Les machines pouvaient transférer de l'information une à la fois, seulement lorsque les autres avaient fini d'utiliser la ligne. Tout cela pouvait être très long (certains transferts duraient des heures!). On peut remarquer par contre qu'aujourd'hui plusieurs ordinateurs peuvent être reliés à un même serveur et que plusieurs usagers peuvent se servir en même temps du réseau et des ressources du serveur. Ce qui a changé depuis les débuts des réseaux informatiques, c'est que maintenant, au lieu d'échanger des fichiers entiers qui peuvent réquisitionner la ligne pendant de longs moments, les ordinateurs s'envoient seulement des petits paquets qui peuvent ainsi s'enchaîner rapidement (un paquet par millième de seconde) et permettre à tous de se servir de la ligne en même temps.

## Le Web : un système décentralisé d'interactions

Le Web constitue un système décentralisé d'interactions entre de multiples personnes (les internautes) et de multiples documents (les pages Web) à travers des liens hypertexte.

Tout internaute a un **accès direct et immédiat** à l'ensemble du Web dès lors qu'il est abonné à un fournisseur d'accès, celui-ci n'interférant en aucune manière avec la navigation de l'internaute. Aucune hiérarchie ne s'interpose donc entre l'internaute et le Web. Ceci est d'autant plus remarquable que les internautes se comptent par dizaines de millions.

➢ *Le Web constitue donc un communauté d'internautes fonctionnant d'une manière complètement décentralisée.*

Par ailleurs, le Web contient des milliers, voire des millions de sites spécifiques et, au sein de ces sites, des milliards de pages Web. La structure décentralisée du Web est concrétisée par des liens hypertexte qui relient **directement** les pages Web entre elles, sans passer forcément par la hiérarchie d'une arborescence.

**L'arborescence : une structuration hiérarchique et pré-définie des informations**

**Le maillage : une structuration décentralisée et évolutive des informations grâce aux liens hypertexte**

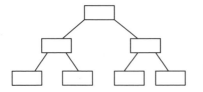 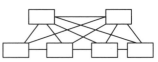

➢ *Le Web constitue donc une collection de documents gérés d'une manière complètement décentralisée.*

Même si les portails et les pages d'accueil visent à guider et à orienter l'internaute dans le dédale des pages Web, tout internaute peut, si il le veut, court-circuiter ces orientations et ces recommandations, en formulant directement une demande d'informations dans les termes qu'il souhaite grâce aux moteurs de recherche. Un internaute peut ainsi accéder directement à une page Web spécifique à l'intérieur d'un site sans même passer par le sommaire de ce site.

➢ *Le Web permet donc une interaction directe entre internautes et pages web sans qu'aucune hiérarchie ne soit imposée.*

## Les outils du Web

### L'hypertexte, générateur d'une structuration totalement décentralisée des informations

Les liens hypertexte relient non seulement un mot, une phrase, une page aux éléments d'un même site, mais aussi à des textes, des images, de la voix, de la musique, de la vidéo, appartenant à d'autres sites et à des organismes complètement différents et dispersés dans le monde entier.
Les liens hypertexte permettent ainsi des relations directes, non hiérarchiques, entre plusieurs niveaux du Web :
- Le niveau d'un élément d'une page Web (mot, phrase, image, …) ;
- Le niveau d'une page Web ;
- Le niveau d'un site Web composé de plusieurs pages ;
- Le niveau d'un site regroupant plusieurs sites ;
- Le niveau de l'ensemble du Web.

En outre, les éléments d'un site qui font l'objet de liens hypertexte acquièrent une sorte d'autonomie par rapport au site d'origine en se diffusant hors des frontières de celui-ci[53].

## Les agents intelligents, des agents autonomes

Le principe de l'agent intelligent est le suivant : L'utilisateur se contente donc d'indiquer à l'agent un objectif général et lui délègue le soin d'atteindre cet objectif. L'utilisateur ne précise pas à l'agent comment il doit parvenir à cet objectif. L'utilisateur laisse donc une autonomie complète à l'agent dans l'accomplissement de ses tâches. L'agent est intelligent parce qu'il est capable de percevoir, d'interpréter les changements de son environnement, ainsi que les évolutions du comportement de l'utilisateur, et d'y réagir.

Les moteurs de recherche et les méta-moteurs de recherche, c'est à dire les programmes qui lancent simultanément plusieurs moteurs de recherches et synthétisent leurs résultats sont une forme d'agents intelligents. Certains agents sont même capables de se connecter spontanément à différents sites, de négocier avec d'autres agents, etc …. C'est dire à quel point est forte leur autonomie qui vise à augmenter les capacités des internautes et à leur éviter les tâches ennuyeuses.

*Une leçon émerge de ce bref aperçu : alors que l'on aurait pu s'attendre à être complètement noyé par la masse anarchique et sans aucun précédent d'informations de tout format et de toute provenance présente sur le Web, on peut observer que des outils décentralisés et personnalisés de gestion, de repérage sont suffisamment efficaces pour permettre de se retrouver dans ce gigantesque labyrinthe afin de se distraire, de se cultiver, d'acheter, etc… .*

---

[53] De la même manière que l'accès aux gènes par la biotechnologie fait sauter la barrière des espèces, le Web fait sauter la frontière du document en permettant un accès direct à un élément de celui-ci.

# Internet et le Web, un processus d'émergence et d'auto-organisation

De nombreux scientifiques ont montré que le comportement d'un système complexe n'est pas le fruit d'un contrôle exercé par le traitement d'un dispositif central : il émerge de l'organisation issue de ses connexions internes et de ses couplages avec l'environnement. Il en va ainsi notamment pour le cerveau humain. Celui-ci ne semble pas avoir, en son sein un centre de contrôle unique ; ses connexions internes se transforment au cours de l'expérience et il apparaît doué de capacités auto-organisatrices.

Il semble qu'il en aille ainsi de l'écosystème informationnel que constitue Internet et l'immense réseau des liens hypertexte et des pages Web.

D'innombrables communautés virtuelles se constituent, prolifèrent, et se structurent à partir de préoccupations partagées et de centres d'intérêts communs (des amateurs de vins aux collectionneurs d'antiquité, des fans d'un chanteur aux adorateurs d'une marque, des clubs de professionnels aux habitants d'une même ville ou d'une même région... etc.). Au fil du temps, les personnes qui ont adhéré à une communauté tissent entre elles un réseau de relations plus ou moins dense et plus ou moins affectif à travers les discussions et les échanges. Comme des fractales, ces communautés électroniques se subdivisent elles mêmes en sous groupes et se rassemblent en fédérations plus larges. Ces processus quasi biologiques émergent et se développent sans aucun contrôle ni coordination centrale.

De la même manière, les informations et les connaissances ne demeurent plus cantonnées dans la « tête » de chaque internaute, elles sont produites également par les interactions entre eux. La communication devient plus qu'un simple processus de transfert de connaissance d'un agent à un agent, mais renvoie à la création d'une nouvelle connaissance collective qui n'est pas forcement intégrée en totalité par chacun des membres du groupe. C'est à partir de ce site virtuel de la connaissance mémorisée qu'apparaissent des propriétés cognitives non prédictibles. De nouveaux sens émergent, se construisent et se transmettent par ces interactions.

# Internet, moteur de la décentralisation

## Internet, lubrifiant d'une économie décentralisée

L'économie de marché est par excellence une économie décentralisée. En opposition à une économie centralisée et planifiée telle que celle de l'ancienne URSS, les décisions économiques et financières ne sont pas prises par une chaîne hiérarchisée d'institutions mais par la confrontation des offres et des demandes d'une multitude d'acheteurs et de vendeurs indépendants.

Internet est un lubrifiant extraordinairement puissant pour assurer effectivement et en toute clarté la rencontre de l'offre et de la demande et favoriser ainsi un fonctionnement du marché avec le minimum de « frottements ».

### Un marché mieux informé

Internet et le Web contribuent à rapprocher le marché de l'idéal d'une concurrence pure et parfaite. En réduisant l'asymétrie de l'information disponible existante jusqu'alors à l'avantage des producteurs et au détriment des consommateurs, Internet et le Web rétablissent un équilibre qui permet à des prix plus justes de s'établir et une meilleure optimisation du marché.

Le commerce électronique a beaucoup de caractéristiques d'un marché concurrentiel parfait c'est à dire :
- beaucoup d'acheteurs et de vendeurs peuvent entrer et sortir du marché sans coût (pas de barrières d'entrée) ;
- le nombre d'acheteurs et de vendeurs est tel qu'ils ne peuvent influencer individuellement le marché ;
- les produits sont homogènes (pas de segmentation) ;
- les acheteurs et les vendeurs connaissent le prix et la qualité du produit (informations parfaites).

Les marchés internationaux agricoles de gros sont souvent cités comme un exemple de marché concurrentiel parfait. Mais dans la plupart des autres marchés, les quatre critères ci-dessus ne se retrouvent guère. Des investissements élevés en équipement ou en recherche développement constituent une barrière à l'entrée de concurrents, les entreprises exploitent les différences de goûts pour différencier leurs produits et limiter ainsi la pression concurrentielle sur les prix. Enfin, les vendeurs et les acheteurs disposent d'une information limitée sur la qualité, les prix et la disponibilité des produits : si les vendeurs et les acheteurs étaient parfaitement informés, il n'y aurait pas besoin de marketing, de publicité, et d'opérations commerciales.
Le commerce électronique se trouve ainsi plus proche du modèle idéal de concurrence pure et parfaite dans la mesure, où les barrières à l'entrée sont beaucoup plus faibles que sur un marché classique et où, Internet permet aux consommateurs à travers des agents intelligents, par exemple, de rechercher les produits les moins chers parmi une très grande quantité d'offres.

## Un marché où les transactions sont matériellement facilitées

La majeure partie du commerce électronique se fait encore aujourd'hui entre entreprises (Business to Business). Les relations commerciales entre entreprises sont grandement facilitées par l'usage du commerce électronique et d'Internet en particulier. Dans une économie où plus que jamais, le temps c'est de l'argent, et où les flux sont tendus au maximum pour éviter l'immobilisation des stocks, une gestion serrée de la chaîne logistique est essentielle et permet de faire des économies considérables.

Avec les Extranets, il est possible :
- d'intégrer toutes les dimensions de la logistique : transport, commande, fabrication, entreposage… ;
- de faire en sorte que les changements de commandes se répercutent rapidement et automatiquement sur les programmes de production, les opérations d'entreposage ;
- d'avoir une visibilité globale des ressources de transport à travers les différentes entreprises concernées et à travers les frontières nationales ;
- d'avoir une gestion des stocks permettant de localiser et de suivre le mouvement de chaque produit ;
- de pouvoir faire des achats sans tenir compte des frontières étatiques ou organisationnelles séparant diverses entreprises ;
- d'accéder à une information commune à l'échelle de la chaîne inter entreprise ;
- d'améliorer l'information entre le fournisseur et le client.

*Tous ces points constituent des éléments clefs de compétitivité et de profit … .*

### Un marché où les coûts de transactions sont abaissés

Ronald Coase a reçu le prix Nobel d'économie pour sa mise en évidence des coûts de transaction, c'est à dire des coûts indirects à supporter pour se procurer un produit ou un service sur le marché, tels que des :

- Coûts d'information pour identifier les vendeurs pertinents ;
- Coûts de négociation pour spécifier les conditions de fourniture du produit ou du service ;
- Coûts de vérification et de contrôle pour s'assurer que la transaction a été correctement exécutée.

Or, Internet abaisse d'une manière décisive le coût des transactions et facilite donc la multiplication de celles-ci. Ce faisant il contribue là encore à un fonctionnement fluide du marché.

## Internet, moteur d'une structuration décentralisée des acteurs économiques

A partir de son étude des coûts de transaction, Ronald Coase a révélé le paradoxe suprême de l'entreprise : Créée pour faire des profits en répondant aux besoins du marché, l'entreprise est une institution « hors marché » dans son fonctionnement interne parce qu'elle utilise ses ressources propres et non celles du marché pour produire sa valeur ajoutée spécifique. Ce paradoxe s'explique précisément parce que, dans certaines conditions, il en coûte beaucoup moins cher de produire en interne que de s'adresser au marché avec les coûts de transaction qui y sont afférents et qui peuvent être élevés. Mais dès lors qu'Internet baisse fortement ces coûts de transaction, il bouleverse sensiblement les règles du jeu. Ceci à travers trois phénomènes : le transfert d'un grand nombre de fonctions à des entreprises extérieures, souvent de plus petite taille ; la possibilité pour les grandes entreprises de jouer à la fois l'extension de leur envergure et la conservation d'une échelle humaine ; une diminution de la taille à partir de laquelle les petites et moyennes entreprises peuvent être performantes.

### Internet, facteur d'« outsourcing »

Une entreprise est constamment appelée à vérifier que ses coûts de transaction internes (c'est à dire les coûts de coordination, de réunions, de constitution d'équipes...) n'excèdent pas les coûts de transaction externes. Autrement dit, l'entreprise doit s'assurer en permanence que, pour l'accomplissement d'un certain nombre de fonctions et la production d'un certain nombre de produits et de services, elle reste compétitive par rapport aux possibilités qu'elle a de s'approvisionner auprès d'autres entreprises, sur le marché. Avant même l'apparition d'Internet et du Web, les grandes entreprises ont procédé à un mouvement d'externalisation, d'« outsourcing », d'un certain nombre de leurs fonctions, y compris des fonctions importantes (affacturage, infogérance.....).
En abaissant les coûts de transaction et par conséquent en diminuant le coût du recours au marché, Internet renforce sensiblement cette tendance.

### Internet, facteur de la « réinvention » des grandes entreprises et de leur décentralisation

Deux pressions contradictoires s'exercent sur les grandes entreprises : d'une part, une pression en faveur de l'accroissement de leur taille, liée aux opportunités et aux concurrences générées par la mondialisation ; d'autre part, une pression en faveur de la réduction de leur taille, liée aux dysfonctionnements bureaucratiques et aux « dés-économies d'échelle » qui se produisent en cas de trop grande dimension. Les grandes entreprises se sortent de cette contradiction en se « réinventant », en pratiquant l'art de combiner le grand avec le petit, c'est à dire en se décentralisant. Internet et le Web apportent une contribution décisive à cette démarche grâce aux outils de mise en réseau et de travail en groupe. La rançon de la survie et du développement des grandes entreprises mondiales, c'est leur décentralisation. Les grandes entreprises ne peuvent croître en taille et rester compétitives qu'en se décentralisant.

### Alliances et fusions

Dans la course à la taille provoquée par la mondialisation, les alliances – forme « d'intégration horizontale » - offrent une alternative aux fusions. Les alliances offrent directement les avantages liés au maintien d'une structure décentralisée ; tandis que les fusions – forme « d'intégration verticale » - risquent de connaître les problèmes de dysfonctionnement liés à la grande taille si une vigoureuse décentralisation n'y est pas instaurée.

**Internet, facteur de réduction de la taille critique à partir de laquelle une petite entreprise est performante**

Internet est un très puissant facteur de réduction des « barrières à l'entrée » qui interdisent aux plus petites entreprises :

- l'accès au marché, et en particulier au marché mondial (facilité d'accès technique et économique procurée par le Web) ;
- l'accès à la maîtrise d'un grand nombre de fonctions et de services pourtant essentiels à leur fonctionnement (possibilité de recourir d'une manière économique et rapide aux ressources détenues par d'autres entreprises en développant un fonctionnement partenarial en réseau).

➢ *Ainsi, Internet favorise-t-il la décentralisation en multipliant le nombre des acteurs du système économique, le nombre des entreprises.*

# Internet et la décentralisation, facteurs de compétitivité

## La décentralisation, facteur de compétitivité

Dans le monde d'aujourd'hui, la décentralisation génère quatre avantages clés :

- rapidité de conception, de décision et de mise en œuvre ;
- réduction des coûts de coordination et de transaction internes ;
- meilleure satisfaction du client ;
- meilleure capacité d'innovation et d'apprentissage.

## Rapidité de conception, de décision et de mise en œuvre

A l'heure d'une société et d'une économie où le temps est la ressource la plus rare, la rapidité constitue un avantage concurrentiel décisif. Or, la décentralisation concoure puissamment à cette rapidité. Lorsque l'entreprise est organisée selon un réseau maillé reliant des groupes et des équipes autonomes, elle évite l'engorgement des communications auquel conduit un réseau centralisé, elle offre des circuits de communication d'autant plus rapides qu'ils sont plus courts et plus directs. Lorsque l'entreprise favorise la coopération directe entre les personnes et entre les groupes, elle accélère les processus de conception, de décision et de mise en œuvre. « Elle demande à l'hôtesse de descendre de l'avion lorsque c'est nécessaire, et de gérer les passagers dans la salle d'attente. Elle exige du commandant de bord qu'il s'intéresse à ce qui se passe au sol[54]… ». En supprimant les intermédiaires hiérarchiques responsables de la coordination des échanges,[55] difficilement capables de répondre en temps réel à la vitesse et au volume des informations absorbées par l'organisation, l'entreprise gagne en réactivité et en rapidité.

## Réduction des coûts de coordination et de transaction internes et augmentation de la productivité

En aplatissant les hiérarchies, en réduisant voire en abandonnant les fonctions traditionnelles de contrôle et de coordination, l'entreprise, soit réalise des économies substantielles de personnel, soit opère un glissement de fonctions devenues peu productives et sans objet vers des fonctions à plus haute valeur ajoutée.

---

[54] François Dupuy « Le client et le bureaucrate » Dunod 1998

[55] (d'où des phénomènes d' aplatissement de la hiérarchie, de « désintermédiation »,),

## Meilleure satisfaction du client

Ce qui importe, c'est non seulement d'offrir un produit de qualité bien adapté aux besoins particuliers du client mais c'est aussi et surtout d'apporter au client une qualité forte de contact et de relation. Ceci implique que l'entreprise renonce à organiser son fonctionnement et ses processus de production en fonction de sa seule logique technique de producteur ; logique souvent caractérisée par un cloisonnement taylorien des tâches et la non coopération entre services. Ceci implique que l'entreprise offre une continuité de services au client et articule ainsi ses fonctions et ses équipes autour du consommateur. Seules des équipes autonomes, disposant d'une grande capacité d'initiative et de compétences croisées, et coopérant directement et en temps réel sont à même de répondre aux exigences parfois imprévisibles des clients.

## Meilleure capacité d'innovation et d'apprentissage

Henry Mintzberg a magistralement exposé comment une organisation profondément décentralisée était seule capable de produire des innovations sophistiquées telles que celles requises par les organismes de recherche dans les technologies de pointe, par les compagnies cinématographiques produisant des films d'avant-garde, par les usines fabriquant des prototypes complexes ; Il souligne comment ce qu'il appelle une « adhocratie » peut résoudre des problèmes complexes et peu structurés. « L'adhocratie » s'oppose au modèle de la bureaucratie mécaniste dominé par une hiérarchie d'autorité, un contrôle du sommet vers le bas, une unité de commandement, une planification détaillée, une formalisation des procédures. Configuration décentralisée, « l'adhocratie » se caractérise par une circulation des informations et des processus de décision de façon flexible et informelle entre des équipes pluridisciplinaires brisant les barrières conventionnelles des spécialisations, une large diffusion du pouvoir convenant bien à une population qui devient toujours plus éduquée et plus spécialisée... :

*« L'adhocratie » est la seule structure pour ceux qui croient à plus de démocratie avec moins de bureaucratie... ».*

Si « l'adhocratie » n'est pas adéquate pour faire des choses ordinaires, pour réaliser des productions de masse standardisées, elle est en revanche particulièrement bien adaptée à des environnements complexes et exigeants en matière d'innovation. Et ces environnements tendent à devenir prédominants aujourd'hui.

*Dès lors qu'elle s'avère ainsi indispensable, la décentralisation conduit à de nouvelles valeurs et de nouveaux modes de fonctionnement dans les entreprises et dans les organisations.*

## Les conditions de la décentralisation dans les organisations et l'appui d'Internet à leur mise en œuvre

Pour qu'elle soit effective et productive, la décentralisation suppose :

- Un accroissement des capacités et des responsabilités des acteurs de base ;
- La constitution d'équipes transversales fonctionnant en réseau ;
- Le partage de l'information ;
- Un climat de coopération et de confiance.

Un bref rappel de ces conditions ne sera pas inutile. Car c'est sur celles-ci qu'Internet peut exercer une influence favorable.

## Accroissement des capacités et des responsabilités des acteurs de base

La décentralisation suppose deux choses :

- un certain niveau de capacités, de compétences et de savoir faire des acteurs (leur permettant d'exercer effectivement les responsabilités qui peuvent leur être confiées),
- un certain niveau de responsabilité et d'autonomie déléguées à ces acteurs (leur permettant de pouvoir exercer effectivement leurs compétences et savoir faire).

A différentes échelles et de différentes manières, Internet et la révolution numérique accroissent substantiellement les capacités de connaissance et d'action de tout un chacun dès lors qu'il est connecté. Il en va ainsi, par exemple, dans le domaine de l'accès à l'information et à la connaissance. Dans une société traditionnelle hiérarchisée, l'information était filtrée à travers quelques institutions et quelques notables avant de parvenir à une population dont le faible niveau d'instruction suffisait à faire marcher l'économie. A cette relation sélective entre les responsables et les populations, abritant ces dernières des bruits du monde extérieur, Internet oppose un rapport plus égalitaire et plus actif à l'information et à la connaissance, aujourd'hui disponibles en abondance et aussi plus nécessaires. Cette démocratisation de l'information et de la connaissance, est certes éminemment partielle, surtout à l'échelle mondiale (cf. chapitre sur l'Universalisation). Elle n'en est pas moins un facteur considérable d'initiatives à la base. Savoir n'est pas toujours pouvoir, mais savoir demeure indispensable pour agir et acquérir une certaine autonomie dans l'action. En brisant les monopoles de l'information et de la connaissance, Internet contribue à équilibrer les monopoles du pouvoir.

En dehors même de l'entreprise et du lieu de travail, l'accès à Internet peut apparaître aujourd'hui comme une condition nécessaire à une citoyenneté épanouie et active[56].

> *En accroissant les capacités des échelons de base qui peuvent dès lors, avoir plus de responsabilités et d'autonomie, Internet, incite en retour à de nouvelles délégations de responsabilités, créant ainsi un cercle vertueux en faveur d'une organisation décentralisée.*

## Constitution d'équipes transversales fonctionnant en réseau

Dans le modèle vertical d'organisation traditionnelle, les hauts dirigeants décident de la stratégie et le reste de l'organisation exécute. Ce modèle n'est plus adapté. Il crée démotivation et inertie dans un univers où la réactivité locale et la combinaison des savoirs de tous sont devenus indispensables. Aujourd'hui, l'entreprise évolue vers un modèle d'organisation horizontale qui favorise l'initiative individuelle et l'esprit d'entreprise. L'entreprise « polycellulaire » décrite par H. Landier repose sur un tissu de petits groupes : cercles de qualité, groupes de pilotage, équipes de travail, comités de direction,... Ces cellules disposent d'une grande autonomie de fonctionne-

---

[56] Jacques Attali in « Le Monde » du 18 mars 1999, propose de :

- permettre à chaque citoyen d'obtenir un ordinateur à très bas coût ou même gratuit, renouvelé tous les trois ans, avec un abonnement minimal gratuit aux services de base d'Internet et une adresse de courrier électronique. C'est ce qui fut fait pour le Minitel et ce qui sera fait bientôt en Wallonie ;

- permettre aux citoyens de recevoir sur Internet un accès à une formation permanente gratuite, fournie par les universités, et consacrée par des diplômes authentifiés sur le réseau;

- pousser les collectivités locales à approfondir la démocratie sur Internet, en mettant à la disposition des habitants tous les services municipaux sur le Net;

- former les jeunes des banlieues aux métiers de l'informatique en ouvrant, dans chaque quartier, des boutiques d'Internet non pas seulement pour apprendre à se servir du multimédia mais pour y trouver les moyens de créer leur propre emploi;

ment et constituent en quelque sorte des micro-entreprises. La communication entre ces cellules foisonnantes s'effectue sur le mode d'un réseau maillé où co-existent en parallèle plusieurs canaux de communication. La cellule de direction régule l'activité des autres cellules à travers un projet commun servant d'étalon de mesure à leur action. Elle n'intervient pas sur le fonctionnement au quotidien des cellules mais contrôle leur efficacité et déclenche, si besoin est, des actions correctrices.

Les Intranets sont particulièrement performants pour accompagner la communication multi-directionnelle entre les nombreuses cellules et favoriser ce mode de fonctionnement en réseau.

## Coopération, confiance, et partage de l'information

Pour être fructueux, le travail en équipe implique coopération, confiance, et partage de l'information. La confiance est nécessaire à la motivation des individus, au partage du savoir et à l'initiative. Pour la développer, il faut veiller à la transparence des processus de management et au partage des valeurs de l'entreprise. « Une des tâches essentielles est de faire en sorte que tous nos employés souhaitent coopérer sans réserve et de leur donner envie de s'améliorer eux-mêmes sans cesse. Pour cela, il est indispensable que nous leur fournissions toutes sortes d'informations, sans souci de préséance. Tout employé a le droit de consulter toutes les informations informatisées au sein de la société »[57]. « La libre communication dans toutes les directions est le sang même de notre organisation[58] ».

---

[57] Un dirigeant japonais cité par François Dupuy, Le client et le bureaucrate, Dunod, 1998.
[58] Projet d'entreprise de Mercedes Benz Credit Corporation, cité par T. Petzinger, « The New Pionneers » Simon & Schuster, New York ,1999.

Or cette coopération et ce partage de l'information ne vont pas forcément de soi et impliquent souvent une révolution culturelle tant de la part de l'organisation que des individus qui la composent. F. Dupuy insiste sur le fait que toute bureaucratie cherche à éviter la coopération parce que la coopération implique de la part des individus une confrontation, un « ajustement mutuel[59] » direct, une renonciation à se retrancher derrière la barrière de sa spécialité... Alors que la raison d'être de la bureaucratie est précisément de protéger les individus par des cloisonnements systématiques et des procédures formalisées et impersonnelles.

En rendant techniquement possible la transgression des frontières internes et externes des organisations, Internet facilite la prolifération de structures décentralisées à haut degré de coopération.

*« Le modèle dominant dans l'économie Internet est celui d'un tissu d'inter-relations alors que le modèle de l'économie industrielle est celui du « commander-contrôler » hiérarchique. L'économie Internet est une économie ouverte à de nouveaux entrants. Tout comme un éco-système naturel, l'activité s'auto organise dans l'économie Internet. Le processus de sélection naturelle s'organise en fonction de la valeur pour les consommateurs et du profit pour les entreprises. A travers l'évolution technologique de l'éco-système Internet et l'accroissement de sa population, il deviendra de plus en plus aisé pour les pays, les entreprises et les individus, de participer à l'économie Internet. Dès maintenant, il y a mille milliards de dollars d'infrastructures techniques en place, disponibles pour tout un chacun, à n'importe quel moment, et gratuitement. C'est pourquoi de nouvelles idées et de nouvelles manières de faire peut venir de n'importe où et n'importe quand dans l'économie Internet. Les vieilles règles ne marchent plus. L'éco-système Internet est le nouveau modèle économique de l'économie Internet. »*
*Don Listwin Vice Président de Cisco, 10 Juin 1999.*

---

[59] selon la formule de Mintzberg

# De la décentralisation à de nouvelles formes et de nouvelles méthodes de contrôle

Au fond, la décentralisation pose la question de la maîtrise et du contrôle. A l'ère de la connaissance et de l'intelligence, les méthodes les plus intelligentes de contrôle, s'inspirant des leçons tirées de la biologie, n'apparaissent-elles pas à certains égards comme des méthodes de non contrôle ?

Kevin Kelly, dans son livre au titre significatif, « Out of control » (« Hors contrôle ») montre bien que la puissance de l'homme s'est bâtie en déléguant, en décentralisant son contrôle à des systèmes et à des machines de plus en plus autonomes.

« Des moteurs, par millions, doués d'autonomie, font désormais fonctionner nos usines. Des puces électroniques, par milliards, douées d'autonomie, se reproduiront dans des versions plus petites et plus rapides et feront fonctionner les moteurs et bientôt les réseaux par milliers de milliards doués aussi d'autonomie repenseront les micro processeurs et dirigeront tout ce que nous leur laisserons. Si nous avions essayé d'exploiter les trésors de l'énergie, de la matière et de l'information en exerçant directement nous même tous les contrôles, nous nous y serions épuisés…. L'histoire de l'automatisation est l'histoire d'un déplacement à sens unique d'un contrôle humain à un contrôle automatique ».

Dans un environnement intelligent, le facteur limitant ne sera pas la vitesse des ordinateurs, la largeur de bande, etc…mais bien plutôt l'attention des hommes[60]. A présent

---

[60] Herbert Simon, prix Nobel d'Économie : « L' abondance d'informations génère un manque d'attention ».

nous générons plus d'informations que nous ne pouvons en contrôler. Nous sommes submergés par une marée de données qui nous intoxiquent.

« Pour soulager ce goulot d'étranglement, une solution évidente sera de réaliser des machines intelligentes qui effectueront les choix et les tâches qui n'ont pas à être accomplis par des humains. Par exemple, il y a dès maintenant des agents intelligents qui trient les e-mails en établissant des priorités et en mettant à la corbeille les messages non désirés ; ces programmes travaillent avec des réseaux neuronaux qui classent les choix faits par les opérateurs humains et réajustent selon des boucles rétroactives successives l'importance relative des différents types d'e-mails. Après une période initiale d'apprentissage, le programme de tri fonctionne de manière de plus en plus efficace et permet ainsi à l'homme de consacrer la ressource de son attention à des choses plus importantes. Ainsi, la conscience humaine voguera au dessus d'un écosystème de machines intelligentes et interconnectées[61]…. ».

---

[61] Katherine Hayles, « How we became post-human ». The University of Chicago Press, 1999.

# Chapitre IV

# Personnalisation

« *La personne, c'est l'individu relié aux autres* ».

Vue sur le long terme, l'histoire de l'humanité est l'histoire de l'implication croissante de l'ensemble des individus – et pas seulement des individus d'exception- dans la vie des sociétés.

Au fil des siècles et des circonstances, un nombre de plus en plus grand de personnes a pu accéder aux informations, aux idées, aux connaissances de leur temps. Réservée à l'origine à une élite de prêtres, de commerçants, d'administrateurs, l'écriture s'est finalement généralisée à une très large majorité de la population mondiale même si une fraction en demeure encore aujourd'hui exclue. Aujourd'hui, différents moyens de communication permettent à un nombre sans précédent d'individus d'être à l'écoute des évolutions du monde dans lequel ils se trouvent. Parallèlement, le développement du suffrage universel donne la possibilité à chaque individu d'exprimer son opinion, ne fusse que d'une manière limitée et formelle.

Actuellement, à une société industrielle dominée par la production de masse et la consommation standardisée et régie par le salariat, succède une société non seulement décentralisée, mais fondée de plus en plus sur des capacités d'initiatives personnelles, que se soit en tant que producteur ou en tant que consommateur.

L'histoire de l'informatique est l'histoire de son évolution vers la personnalisation. A l'origine, les ordinateurs étaient de grosses machines impersonnelles placées dans des sanctuaires à l'abri des interférences. Puis vinrent les mini ordinateurs dont l'utilisation pouvait être partagée par un petit groupe de travail. Puis le PC, le Personal Computer, l'Ordinateur Personnel, arriva enfin.

Aujourd'hui, Internet et le Web contribuent puissamment au processus de personnalisation qui caractérise l'évolution de notre société. En effet, Internet a la propriété :
- d'être un média à la fois personnel et mondial ;
- d'amplifier les capacités personnelles et de faciliter l'affirmation de sa propre personnalité ;
- de permettre aux entreprises de fournir à leurs clients des produits et services hautement personnalisés ;
- de permettre aux individus de construire une carrière professionnelle aussi bien à travers la création de leur propre entreprise qu'à travers des initiatives personnelles prises au sein d'entreprises extérieures.

# Internet : l'individu à l'échelle mondiale

Internet est un média qui est plus qu'un mass média, c'est aussi un média individuel qui permet à une personne de s'adresser aussi bien au monde entier qu'à certaines personnes bien spécifiques. A ce titre, c'est un média unique dans l'histoire de l'humanité par sa polyvalence. Le tableau suivant récapitule les caractéristiques d'un certain nombre de médias à cet égard.

| MEDIAS | TYPE DE COMMUNICATION |
|---|---|
| Correspondance écrite, téléphone, fax | Communication bilatérale de personne à personne |
| Livre | Communication unilatérale d'une personne à un grand nombre |
| Presse, radio, télévision | Communication unilatérale d'un organisme à un grand nombre |
| Internet : e-mail, site Web | Communication bilatérale de personne à personne, d'une personne à un groupe, voire à un grand nombre |
| Internet : site Web, visioconférence Logiciel de travail en commun à distance | Communication bilatérale d'un organisme et d'un groupe à un groupe, d'un groupe à une personne, d'un groupe à un grand nombre |

Internet permet donc à un individu de se projeter à l'échelle mondiale d'une façon techniquement assez simple et de la manière la plus économique qui soit. On comprend donc ainsi l'engouement que suscite la possibilité de réaliser des pages Web personnelles, voire un site en bonne et due forme.

Internet est en outre un média qui permet une communication bilatérale, interactive, dans les deux sens, à la différence des mass média qui fonctionnent à sens unique (presse, radio, télévision). Cette communication interactive constitue un élément important de personnalisation dans la mesure où le destinataire du message, généralement un individu, se voit accorder la faculté de répondre en se positionnant à son tour comme auteur d'un message.

*En fait, Internet augmente les capacités personnelles de chacun sur trois grands registres : relationnels, opérationnels, intellectuels.*

# Internet, instrument de communication personnelle

Internet ouvre à chacun une gamme très large d'outils techniques de communication personnelle.

Résumons les rapidement :

- *L'e-mail* permet d'envoyer des messages et des documents annexes de par le vaste monde pour bien moins cher qu'un fax et souvent d'une manière plus conviviale. Il permet de s'adresser directement au destinataire sans toutefois le déranger par un coup de fil. L'e-mail, qui a contribué à assurer le succès d'Internet avant même le Web, est en train de se diffuser largement en conquérant d'autres supports que l'ordinateur : assistants numériques personnels, et surtout téléphone portable, appareil personnalisé par excellence. Les systèmes de synthèse vocale permettent d'ailleurs de convertir des messages e-mails écrits en messages vocaux.

- *La liste de discussion*, ou bien le forum sur un site Internet, permet d'échanger à plusieurs sur un sujet donné. Fonctionnant sur le principe d'un courrier posté simultanément à plusieurs personnes, ce type d'échanges écrits, régis par la fameuse « netiquette », permet un certain temps de réflexion.

- *Le « Chat Group »*, littéralement groupe de bavardage, est fondé au contraire sur un dialogue à plusieurs en ligne et apparaît comme générant des contenus plus superficiels.

- *Outil de travail en groupe :* Lorsque l'on souhaite travailler en petit groupe à l'échelle de la planète, il est possible avec Internet et des logiciels de type Net-Meeting de constituer des espaces de travail commun, où l'on peut discuter ensemble sur un même document que chacun des participants peut voir et modifier en temps réel sur son écran.

- *Visioconférence :* Dès lors que vous-même et votre interlocuteur disposez d'une bande passante suffisante supérieure à celle d'une ligne téléphonique classique (c'est à dire d'une ligne Numéris, du câble, ou de l'ADSL…), il vous est possible de dialoguer en visionnant votre interlocuteur dans des conditions pour l'instant primitives et basiques mais appelées à s'améliorer. Par ailleurs, rappelons qu'il est possible de téléphoner au bout du monde pour le prix d'une communication locale si votre interlocuteur est connecté en même temps que vous à Internet.

# Internet, instrument de transaction personnelle

Le Web n'est pas simplement un outil d'information ni de communication, mais aussi un outil de transaction personnelle. On a déjà vu qu'il était possible de comparer dans des conditions intéressantes le prix de produits ou de services similaires. Mais Internet permet aussi de passer à l'acte.

Il est en effet possible de conclure un achat rapidement et aisément sur le Net. Certes, des problèmes de sécurité se posent, dans la mesure où le canal de transmission que constitue Internet n'est pas lui-même sécurisé ni confidentiel. Cependant si l'on fait une analogie avec le courrier, il est possible au lieu de transmettre son message en clair, sans enveloppe, de le mettre dans une enveloppe électronique constituée par le cryptage du message. Des logiciels existent déjà qui permettent de sécuriser les transactions, selon des degrés de sophistication plus ou moins poussés. Nombre d'entreprises ont développé des sites Internet avec des sections sécurisées pour les transactions et la fraude sur les cartes bancaires est moins grande sur le Net qu'ailleurs.

Ces transactions personnelles ne se bornent pas à des achats en ligne. Elles touchent également la gestion de comptes bancaires personnels, le passage d'ordres en bourse, la participation à des enchères etc... .

# Internet, amplificateur des capacités intellectuelles personnelles

## La vision des pionniers

Les pionniers de l'informatique et d'Internet ont développé des visions fortes de systèmes et de machines aptes à augmenter les capacités de l'esprit humain et particulièrement les capacités individuelles de chacun. Ces pionniers ont imaginé des dispositifs allant bien au delà de la fonction de calcul assignée aux premiers ordinateurs (en anglais, computers = calculateurs). C'est ainsi que, avant même la réalisation concrète d'ordinateurs, Vannevar Bush[62] s'est particulièrement intéressé à l'extension de la mémoire avec l'idée du « memex », que Alan Turing[63] a conçu une machine théorique universelle capable d'articuler des raisonnements fondés sur la logique formelle. C'est ainsi que, plus tard alors que les ordinateurs existaient, Joseph Licklider[64], un des pères d'Internet, s'est

---

[62] Un américain qui était en charge de la recherche et développement pendant la deuxième guerre mondiale.

[63] Mathématicien anglais qui parvint à décrypter les codes allemands pendant la deuxième guerre mondiale, et surtout qui réussit à conceptualiser les principes de fonctionnement des ordinateurs et de leur programmation, en articulant les règles d'un système formel avec les mathématiques booléennes.

[64] Psychologue et acousticien américain, promoteur de l'informatique interactive.

fait l'apôtre d'une informatique interactive grâce à laquelle chacun pourrait être débarrassé des tâches intellectuelles routinières et être aidé dans la formulation et la résolution de problèmes complexes ; et que Doug Engelbart[65], inventeur de la souris et du traitement de texte, s'est fait le promoteur d'une vision selon laquelle il importe de réaliser des trousses à outils informatiques pour augmenter les capacités de chacun.

# La force de l'interactivité

L'interactivité est un des éléments clefs de la stimulation de la réflexion personnelle.

Trois niveaux d'interactivité peuvent être distingués :
- une interactivité concernant les tâches intellectuelles élémentaires (manipulation d'un logiciel par exemple) dans lesquelles la qualité des interfaces entre l'individu et l'ordinateur joue un rôle considérable ;
- une interactivité entre la projection sur l'écran de l'état temporaire de son travail intellectuel et le mouvement de sa propre pensée ;
- une interactivité avec la pensée d'autres personnes cristallisée dans des pages Web.

### Interactivité et interface
La qualité de l'interactivité concernant les tâches élémentaires dépend largement de la qualité de l'interface individu/ordinateur. De nombreuses recherches sont constamment menées pour améliorer ces interfaces. Plusieurs idées fortes émergent de ces recherches :

1. Un des inconvénients des technologies informatiques est qu'elles altèrent la perception de la réalité en ayant un effet excessivement réducteur de la richesse de cette réalité. Des chercheurs de Xerox[66]ont identifié des distorsions caractéristiques de l'information numérique. L'information numérique tend à être toujours explicite et à ne pas suffisamment prendre en compte les dimensions d'allusions, de suggestions ; elle tend à appauvrir la richesse des messages et du coup à les homogénéiser ; elle tend à figer abusivement le flux et la dynamique des messages ; elle tend à ôter à l'information son environnement familier. En bref, l'information numérique tend à décontextualiser le message alors que la perception du contexte est un facteur fondamental de la qualité et de la pertinence de sa réception.

2. Une qualité supérieure d'interface consiste à créer une interface « multisensorielle » qui fait intervenir non seulement l'œil et la main, mais aussi l'oreille et la voix, de manière à recréer la sensation multidimensionnelle de la réalité. De nombreuses observations ont montré qu'une information simultanément transmise par plusieurs sens (vue, ouïe, toucher,...) et donc à certains égards redondante, est beaucoup mieux perçue et a d'autant plus d'impact. De ce point de vue, la possibilité de communiquer en temps réel par visioconférence et d'émettre des séquences vidéo à la demande, qui existe dès à présent sur Internet, offre aux particuliers une expérience de communication sans précédent.

---

[66] Mark Wieser in « Blueprint to the digital economy» Don Tapscott, Mac Graw-Hill, 1998

3. Une bonne interface implique une certaine forme de corporalisation du rapport avec la machine : l'intérêt de la souris est de permettre de désigner physiquement un élément visualisé sur l'écran pour déclencher une opération, ce qui est infiniment plus intuitif et plus confortable que de mémoriser une combinaison de touches du clavier. Le pointage d'un objet ou d'un menu est ainsi beaucoup plus concret et l'opération manuelle rend plus facile l'opération intellectuelle[67]. En outre, dans ce rapport corporel, la qualité de l'ergonomie joue également un rôle : il est plus facile de déplacer une souris que de manipuler un pavé tactile ou un pointeur d'un micro-ordinateur portable.

4. Une interface n'est toutefois pas seulement une question de facilité de manipulation physique. Selon Nicolas Negroponte, directeur du Media Lab au MIT, l'interface devrait être aussi un assistant intelligent qui communique avec l'utilisateur comme le ferait à certains égards un autre être humain : « le problème est moins de concevoir un tableau de bord qu'un être humain. Nous ne voulons pas avoir à composer un numéro de téléphone, nous voulons joindre des gens au téléphone. Au lieu de réfléchir au design des combinés téléphoniques, on ferait mieux de songer à fabriquer un secrétaire robot qui tiendrait dans notre poche[68] ».

---

[67] Cf. F.Varela interview dans La Recherche
[68] Nicolas Negroponte, *l'homme numérique*, p. 122, Robert Laffont, 1995

*Le rôle des interfaces corporelles : les objets au plus près du corps, les objets intégrés au corps*

Aujourd'hui, de nouvelles perspectives s'ouvrent avec les travaux du même Média Lab, et plus particulièrement de son département TTT, « Things That Think », « les choses qui pensent ». Les nouvelles interfaces expérimentées mettent en prise directe le corps lui même avec Internet et le Web. Du fait que le corps de chacun est l'objet d'un champ électrique, même très faible, il devient un élément conducteur pour transmettre des informations et des données. En outre, des éléments d'habillement personnel comme les souliers, les lunettes et les vêtements se prêtent à l'insertion de microprocesseurs et de circuits électroniques. Du coup, un soulier pourra contenir un micro ordinateur alimenté en énergie par le mouvement de la marche à pied et envoyer des données à afficher dans une montre ou dans des lunettes spéciales sans nécessiter de câbles, grâce au « Web Personnel » de chacun. L'incorporation de l'informatique dans l'habillement va ouvrir une nouvelle ère dans la manière dont nous interagissons les uns les autres.

## Interactivité et dynamique de la pensée

L'interactivité joue également un rôle décisif dans le travail intellectuel de haut niveau, qu'il s'agisse de rapport, de note, de mémos, d'élaboration de perspectives financières, d'analyse de données statistiques pour dégager des phénomènes significatifs. Par la seule mise en scène claire et séduisante des résultats de sa pensée sur l'écran de l'ordinateur, l'utilisateur dispose d'un processus d'objectivation, de distanciation, qui lui permet de faire un retour réflexif sur celle-ci. Surtout, la force d'un logiciel de traitement de texte, ou d'un tableur, tient non seulement à l'assistance qu'il apporte pour la manipulation des chiffres et des lettres, mais au dialogue que l'utilisateur engage avec lui. L'utilisateur en effet, peut ne considérer les résultats proposés par le logiciel et affichés sur l'écran de l'ordinateur que comme des résultats provisoires, des hypothèses. Celles-ci lui permettent alors de tester, de vérifier, d'élaborer progressivement sa pensée, en recourant de nouveau au logiciel (qui a l'avantage d'accomplir des tâches fastidieuses en un tournemain). Ainsi les idées peuvent-elles être approfondies et perfectionnées selon un cheminement dynamique et itératif.

## Interactivité et connexion à la pensée d'autrui

Le Web apporte une dimension supplémentaire en permettant l'interaction avec la pensée d'autrui. La dynamique de la pensée se trouve stimulée par la confrontation avec des informations, des opinions, des connaissances extérieures. En outre, l'internaute joue un rôle tout à fait actif dans cette confrontation, grâce à la capacité de choix et d'initiative que lui apporte l'hypertexte.

Il n'est donc pas exagéré de considérer le Web et l'hypertexte comme de remarquables **amplificateurs de l'esprit**, car ils permettent par exemple de travailler à la fois horizontalement et verticalement, en profondeur et en largeur.

- Verticalement et en profondeur, il est possible de détailler un sujet donné en recueillant les informations, les connaissances, les réflexions, relatives à ses divers composants à travers des cascades de références de plus en plus pointues et de plus en plus spécialisées. Les universitaires et les scientifiques qui ne manquent pas de se border par tout un appareil de références documentaires à des publications antérieures sont très heureux non seulement d'avoir les références bibliographiques mais de pouvoir disposer dans certains cas des textes référencés eux-mêmes.

- Horizontalement et en largeur, il est possible de resituer le sujet donné par rapport à des sujets connexes, ou bien de multiplier des approches disciplinaires différentes et des points de vue extrêmement variés sur un même thème. Par exemple le thème « Internet » peut être appréhendé à partir des méthodes pratiques pour s'y connecter, à partir de ses dimensions techniques (spécifications détaillées des protocoles TCP/IP), à partir de sa dimension économique et sociale, celle-ci pouvant être elle-même appréhendée sous plusieurs angles (statistiques de connexion, problème de protection de la vie privée, poids et impact économique des activités liées à Internet, etc....).

La dynamique même du Web fait que les institutions et les entreprises créent de nouveaux sites, améliorent et développent ceux existants, enrichissant ainsi substantiellement, jour après jour, la qualité des contenus disponibles sur les pages web. Il n'est plus envisageable aujourd'hui d'entreprendre une recherche ou une étude de qualité sans passer par le Web.

> ➢ *Le Web est devenu une source incontournable de références, accessibles à chacun dès lors qu'il est connecté.*

Cette ouverture personnelle et directe sur la connaissance et sur la mémoire collective de l'humanité ne peut que stimuler la dynamique de la pensée de chacun.

De plus, cette dynamique est renforcée par la nature même des liens hypertexte qui permet à l'internaute de créer sa propre version personnelle des documents examinés.

## Interactivité et liens hypertexte

Les liens hypertexte donnent une possibilité de choix quasi infini à l'internaute. En raison de toutes les démultiplications du texte rendues possibles par ces liens hypertexte, une seule page Web contient en effet beaucoup plus qu'elle-même, mais virtuellement une multitude d'autres pages web accessibles en cascade. Le « miracle » d'une page Web est ainsi d'être le point de départ d'un fantastique univers de choix.

Dans un texte classique, sans liens hypertexte, le lecteur est déjà à un certain degré un « co-auteur » par le pouvoir qu'il possède de sélection (passer un paragraphe ou un chapitre), d'ordonnancement (ne pas suivre l'ordre naturel des pages), et d'interprétation (un même passage peut revêtir des significations différentes pour des lecteurs différents). Ce statut de co-auteur virtuel se trouve considérablement activé et magnifié par l'hypertexte. Le lecteur (ou le spectateur dans le cas d'un document multimédia) se trouve ainsi invité à structurer sa propre version d'un document donné, à se constituer au fil de sa consultation son propre document fait de plusieurs documents différents répartis entre divers sites éparpillés de par le monde.

En outre ce n'est plus, le lecteur qui parcoure des bibliothèques ou des librairies (ce qu'il aurait d'ailleurs du mal à faire lorsqu'elles sont dispersées partout dans le monde) pour consulter des références, ce sont les références qui viennent à lui tirées, rapatriées sur l'écran par les liens hypertexte. Les progrès en matière de navigateurs (nouvelles versions d'Explorer et de Netscape), de moteurs de recherche (choix plus étendu, performances accrues, méta-moteurs,...), d'agents intelligents, de « plug-ins » (permettant de rechercher et recevoir des documents multimédia audio et vidéo), apportent une puissance et

une convivialité accrue et facilitent la rapidité et la pertinence de la consultation.

Cette rapidité et cette pertinence (qui seront de plus en
plus en grandes) font que le Web joue un rôle :
- d'accélérateur de la pensée, en permettant de tester
  rapidement des idées, des hypothèses ;
- d'outil de prise de conscience en faisant découvrir des
  perspectives auxquelles on n'avait pas pensé ;
- d'outil de créativité en stimulant des associations
  d'idées originales.

Certes, on peut se perdre dans le labyrinthe du Web, on
peut en surfant sur les vagues des hypertexte dériver sur
l'océan des pages web au point de perdre de vue l'objectif
que l'on s'était initialement fixé, mais le fil d'Ariane de
l'historique de la consultation permet de refaire en sens
inverse le chemin parcouru, les balises argos que sont les
signets permettent de retrouver rapidement les points
clefs.
Le Web convient donc aussi bien au cerveau gauche (celui
de l'analyse rationnelle, de la logique, de la pensée sé-
quentielle et déductive) qu'au cerveau droit (celui de
l'intuition, de la synthèse, de l'imagination, de la pensée
parallèle)[69].

---

[69] De nombreux ouvrages de psychologie traitent des caractéristiques propres à
chacun des deux hémisphères cérébraux. Une présentation synthétique et ins-
tructive, appliquée au management en est faite par Henry Mintzberg in « Le
Management, Voyage au centre des organisation s » Les Editions d'organisation
1990-1998.

# Internet, instrument de démultiplication de la personnalité

Au fur et à mesure de l'évolution de la société, la diversité des rôles de chacun s'est accrue, le cercle des appartenances s'est agrandi. La révolution industrielle, le développement des villes, ont ainsi libéré les individus de l'enfermement dans des rôles et des appartenances exclusives en leur permettant de jouer sur plusieurs registres. Avec la spécialisation et la complexification croissante de la société, on observe, chez un même individu, une coexistence de multiples rôles, une multiplication des appartenances à des groupes différents. Aujourd'hui, Internet permet de se connecter avec le minimum d'effort à de multiples communautés, qui pour être électroniques, n'en sont pas moins réelles. Internet enrichit ainsi le cercle des appartenances potentielles et contribue ainsi à permettre à l'internaute d'épanouir sa personnalité à travers la multiplicité des contacts et des interactions possibles.

Le Web offre en outre la possibilité d'adopter des profils divers selon les objectifs visés, et les interlocuteurs recherchés. Ceci n'implique pas nécessairement des jeux plus ou moins innocents d'adoption d'une personnalité fantasmatique, ou une véritable dissimulation d'identité. Cette adoption d'un profil personnel spécifique en harmonie avec la situation et les interlocuteurs pressentis peut correspondre tout simplement à la double préoccupation de s'adapter à l'environnement et de faire jouer une facette particulière de sa personnalité.

**Cette amplification des capacités personnelles qu'apporte Internet et le Web en termes relationnels, opérationnels et intellectuels débouche sur une traduction économique forte :**

- **La personnalisation du consommateur qui devient une obligation pour toutes les entreprises et qui** s'inscrit dans le mouvement général de démassification et de déstandardisation de la société post-industrielle et post-taylorienne.

- La croissance de l'initiative individuelle qui s'exprime tant au sein des entreprises que par la création d'entreprises personnelles.

# La personnalisation du consommateur

Internet permet aujourd'hui de livrer des produits et des services hautement personnalisés. Ceci à travers deux registres :

1. A travers une prise en compte particulièrement fine et détaillée des profils de consommation propre à chaque client.
2. A travers l'organisation d'un système d'approvisionnement et de distribution permettant d'adapter la production aux spécifications du client.

### L'établissement de profils de consommation

Les consommateurs peuvent contribuer volontairement à l'établissement de ces profils en répondant à des enquêtes, en remplissant des questionnaires, etc.. Mais ils peuvent également générer ces profils de manière tout à fait involontaire dans la mesure où, dans un monde de plus en plus numérisé, chacune de leur transactions tend à laisser une trace numérique.

Dans les hypermarchés et les supermarchés, la composition de chaque caddie ou de chaque panier peut déjà être déterminée en temps réel lors du passage aux caisses à travers la lecture des codes barres attachés aux produits. Lorsque le client règle ses achats avec une carte de fidélité ou une carte bancaire, l'ensemble des produits achetés peut être ainsi associé à une identité précise. Lorsque ces achats se renouvellent, il est alors possible d'établir des profils de consommation propres à chaque client et d'évaluer le rythme et la régularité de ses achats, compte tenu des capacités croissantes et de moins en moins onéreuses de traitement informatique des énormes masses de données ainsi recueillies.

Internet apporte aujourd'hui une nouvelle dimension à cet effort de connaissance du consommateur.

Un site Web donne l'occasion d'entrer en contact avec ses clients d'une manière continue, c'est-à-dire vingt-quatre heures sur vingt-quatre, et économique, le coût du contact étant quasi nul. À travers les « cookies », c'est-à-dire à travers les petits indicateurs informatiques qui renseignent sur le parcours suivi par l'internaute dans le site, il est possible de se faire une idée de ce que les visiteurs du site préfèrent. En outre, les internautes sont invités à exprimer en clair leurs préférences et leurs opinions à travers des forums, des e-mail, etc., et à donner des indications de base sur leur identité (âge, origine géographique, sexe, etc.). Il devient donc là aussi possible d'associer le profil socio-économique et socio-culturel des internautes avec leurs préférences spécifiques. Enfin, lorsqu'un achat a lieu, cette transaction est associée à une identité bien précise et dûment vérifiée par l'intermédiaire de l'authentification d'une carte de crédit par exemple. On se retrouve donc là dans une situation analogue à celle des hypermarchés enregistrant les profils d'achat des clients et les associant à des identités précises.

Cette connaissance extraordinairement fine et précise des consommateurs est utilisé par l'entreprise pour apporter des services supplémentaires, par exemple leur signaler des produits ou des services effectivement susceptibles de les intéresser. C'est ainsi qu'« Amazon.com », la librairie électronique la plus connue, offre à ses clients un service e-mail leur signalant les nouveautés dans les domaines qu'ils ont eux-mêmes indiqué ou bien suggère des livres voisins de celui acheté par l'internaute qui on été acquis par des clients ayant des préoccupations apparemment similaires.

## De la segmentation traditionnelle au marketing « One to One »

Au traditionnel marketing ciblant des clients regroupés en segmentation plus ou moins fine, succède désormais un marketing focalisé directement sur la personne dans son individualité spécifique. Internet provoque donc une révolution culturelle de première ampleur dans le domaine du marketing, en initiant un marketing hautement personnalisé, le marketing « One to One ».

Cette personnalisation de la relation de l'entreprise avec ses clients est rendue possible par son coût extraordinairement faible. Et c'est là qu'Internet réalise un véritable miracle : offrir une qualité de relation, à certains égards sans précédent, à un coût bien inférieur à celui d'un service client traditionnel.

Cette personnalisation va en même temps bien au delà du marketing, elle peut, et, pour être efficace, elle doit toucher l'ensemble des fonctions de l'entreprise. Ceci nous amène au deuxième aspect, l'organisation d'un système d'approvisionnement et de distribution permettant d'adapter la production aux spécifications du client.

## De la personnalisation de masse au fait sur mesure

La société industrielle classique a eu pour mérite de produire en masse des biens et des services qui ont permis le passage d'une économie de rareté, dominée par les producteurs à une économie d'abondance, où les fabricants se disputent les faveurs du consommateur.

D'où deux conséquences majeures :

1. L'élévation du niveau de vie a entraîné une diversification des préoccupations et des souhaits des consommateurs et a favorisé l'émergence d'une très grande variété de produits et de services. En bref, on est passé des produits standardisés aux produits largement diversifiés.

**2.** Le passage progressif du pouvoir des producteurs vers le consommateur, a naturellement rendu les clients plus exigeants.

De ces deux phénomènes, diversification des attentes et des demandes des consommateurs, pouvoir accru de ceux-ci, il résulte que les clients souhaitent désormais, que les produits et les services qui leur sont proposés tiennent compte de leur personnalité, de leur spécificité.

Parallèlement, l'évolution des techniques de production permet aujourd'hui, grâce en particulier à l'informatisation, une souplesse telle que de très petites séries peuvent être produites à des coûts néanmoins très abordables.

Les exigences des consommateurs coïncident ainsi avec les nouvelles possibilités de production et conduisent à une démassification et à une personnalisation accrue.

Ce qu'apporte Internet dans ce processus, c'est la possibilité :
- de ne produire et de ne livrer que sur commande. Cette commande prenant en compte toutes les spécificités qui y sont attachées par le client. Ce système mis en place par Dell pour la production et la vente d'ordinateurs personnels lui a permis de conquérir les premières places et d'obtenir une très forte rentabilité au point d'apparaître comme le paradigme d'un nouveau modèle économique.
- d'avoir un lien direct et de qualité avec le client sans passer par des intermédiaires traditionnels coûteux à rémunérer. C'est aussi le cas de Dell qui vend par téléphone et sur Internet sans passer par un réseau de boutiques et qui permet aux clients de sélectionner la configuration spécifique qu'ils désirent.

*Personnalisation et protection de la vie privée*

Le revers de la médaille de la personnalisation des services, c'est le fichage ( - dans une version modernisée avec les bases de données - ) de vos habitudes d'achat, de vos goûts, de vos préférences.... Si le caractère décentralisé d'Internet n'est pas propice à l'émergence d'un « Big Brother », il n'en reste pas moins que des exploitations malveillantes peuvent être faites de données personnelles et confidentielles dont l'accès est parfois mal protégé. En outre, des démarches commerciales non sollicitées peuvent venir perturber votre tranquillité.

De plus en plus, cette tranquillité aura un prix, soit que l'on ait à payer en temps ou en argent, soit que l'on préfère renoncer aux offres de gratuité proposées par les fournisseurs, pour se protéger d'une invasion de sa vie privée. Réciproquement, les entreprises devront de plus en plus comprendre qu'elles ne peuvent recueillir des données personnelles sur leurs clients qu'en minimisant l'effort qu'elles demandent à ceux-ci ou qu'en leur offrant des compensations substantielles.

# Le rôle actif du consommateur

Depuis longtemps déjà, le consommateur participe activement à la production des biens et des services en remplissant certaines tâches : self-service au restaurant, au supermarché, à la pompe à essence, montage de mobilier en pièces détachées (cf. IKEA). Aujourd'hui, Internet permet de
réaliser la prémonition d'Alvin Toffler selon laquelle le
client déclenchera directement un processus de production
personnalisé à partir de ses propres spécifications. Chez
Dell, lorsque le client commande un ordinateur sur mesure, cette commande est immédiatement transmise à
l'usine de fabrication le jour même. Chaque commande se
voit assigner un numéro de référence qui permettra au
consommateur « d'observer » l'état d'avancement de la
construction de son ordinateur en temps réel sur le Web et
ultérieurement de recourir si besoin est, au service client.
Le côté remarquable de la chose est que la commande du
client ne touche pas seulement l'usine d'assemblage de
Dell, mais également l'ensemble des sous traitants et des
fabricants de composants qui interviennent en fonction des
caractéristiques de la commande. Le consommateur devient ainsi le co-producteur de sa propre consommation,
un producteur-consommateur, un « pro-somateur ».

Parallèlement à cette fusion de la production et de la
consommation, la distinction entre l'acheteur et le vendeur s'estompe à tel point que l'un et l'autre se trouvent
enchevêtrés dans un réseau d'échanges économiques, in-
formationnels, affectifs. De la vente ponctuelle de produit
on passe à un échange continu de valeur crée en commun
par des agents économiques qui sont **simultanément**
producteurs et clients; on se trouve alors au cœur d'une
nouvelle structure économique qui n'est plus une chaîne
de valeur, rapport linéaire entre acheteurs et vendeurs
mais une panoplie complexe d'offres échangées. Le client

apporte ainsi au vendeur une information qui a tellement de valeur qu'elle fait l'objet d'une rémunération sous des formes diverses. Cette information peut être relative à ses propres goûts et préférences (valeur pour le marketing de l'entreprise), à la bonne marche du service (aide à la correction des erreurs et à la promotion de la qualité). Stan Davis et Christopher Meyer,[70] rapportent l'exemple d'une chaîne de supermarchés irlandaise qui rétribue les clients qui l'informent des problèmes rencontrés dans ses magasins : « Si par exemple, un client signale une faute d'orthographe sur un panneau d'affichage, il reçoit une tarte aux pommes. Si un autre remarque que la température d'un congélateur est au dessous de la normale ou qu'une marchandise a dépassé la date limite de vente, il obtient une récompense en espèces. On dépasse ainsi la logique du self-service : le client vend un service de contrôle de la qualité du magasin ».

# La personne au point de rencontre de la sphère domestique et de la sphère professionnelle

Plus généralement, Robert Rochefort, directeur du CREDOC, fait remarquer que la sphère domestique (de la consommation) et la sphère professionnelle (du travail) ne sont plus exclusives l'une de l'autre mais s'interpénètrent résolument. Il en donne trois grands exemples dans son livre « Le consommateur entrepreneur, Les nouveaux modes de vie » :

---

[70] dans « Le Paradigme du flou » (Blurr) Edition Village Mondial 1998

> *L'obligation d'assurer dans sa vie privée une partie crois-
> sante de son engagement professionnel (par exemple, rame-
> ner du travail à la maison pour ne pas aller au travail pen-
> dant un ou deux jours). Dès maintenant, selon l'IFOP, le
> tiers de la population active française utilise son domicile
> pour y travailler occasionnellement en moyenne 6 heures 30
> par semaine.*

Ce phénomène ne pourra aller qu'en s'accentuant avec
le développement du télétravail rendu de plus en plus
aisé et efficace par le développement d'Internet et du
Web.

> *L'utilisation à des fins professionnelles d'une panoplie
> d'outils personnels et réciproquement (utiliser son téléphone
> portable personnel pour appeler un collègue de travail, utili-
> ser son ordinateur portable professionnel pour des travaux
> personnels).*

Là encore, cette interpénétration des outils est appelée
à se développer avec les facilités apportées par Internet
et le Web qui permettent à la fois un usage professionnel et privé.

> *La capacité à gérer son univers domestique de manière pro-
> fessionnelle (par exemple, mettre en concurrence plusieurs
> assurances pour l'ensemble des contrats d'assurance du mé-
> nage, plusieurs agences de voyages pour préparer ses pro-
> chaines vacances).*

Ici aussi, Internet et les agents intelligents disponibles
sur le Web font que la performance et la sophistication
de la gestion de ses affaires personnelles se rappro-
chent de celles de ses affaires professionnelles.

En répondant simultanément à des besoins professionnels
et personnels, (de la même manière que le téléphone
portable et la voiture), Internet et le Web contribuent à
placer la personne au point de rencontre de la sphère domestique et de la sphère professionnelle ; à permettre à

l'individu de dépasser les tâches mécaniques et répétitives pour développer une créativité permettant de ressentir son travail comme un moyen d'expression et de réalisation personnelle et d'interaction avec les autres.

## Les femmes à l'intersection de la vie familiale et de la vie professionnelle

A l'intersection de la vie familiale et de la vie professionnelle, les femmes se trouvent placées, aujourd'hui, dans une position particulièrement stratégique. Une des raisons pour laquelle l'économie américaine a créé autant d'emplois est que beaucoup de femmes ont choisi d'être à leur compte au lieu d'être salariées. Sur l'ensemble des chefs d'entreprises des PME américaines, la part des femmes a augmenté d'une manière impressionnante en passant de 5% à 38% entre 1970 et 1997[71]. Même si beaucoup de ces entreprises sont très petites voire unipersonnelles, la Small Business Administration des États-Unis leur reconnaît un rôle économique et surtout social très important. La création d'entreprise à domicile permet à la fois d'élever ses enfants et d'avoir une activité entrepreneuriale dynamique. Là encore, les facteurs décisifs qui ont facilité cette création d'entreprise à domicile par les femmes ont été les innovations technologiques dans les télécoms et les ordinateurs, et naturellement Internet et le Web.

---

[71] Small Business Administration - Office of Advocacy : « The new american evolution : the role and impact of small firms", Juin 1998.

# Le rôle actif de la personne au travail : l'entreprise de soi

Aujourd'hui, la personne avec la motivation et les compétences qui lui sont propres, joue un rôle de plus en plus important et de plus en plus direct dans la production de richesses. L'aspiration à l'autonomie et à la responsabilité, qui s'est développée au fur et à mesure de l'élévation du niveau général de connaissances, se traduit par des marges de manœuvre accrues au sein des entreprises, d'un côté, par une multiplication des entreprises individuelles, de l'autre. Dans tous les cas la personne doit, pour réussir, gérer sa vie professionnelle comme on gère une entreprise : il s'agit de faire la gestion de soi, « l'entreprise de soi ».

## Rôle accru de l'individu au sein de l'entreprise

L'effondrement des pyramides hiérarchiques et le développement d'une économie en réseau conduisent à une cascade de subsidiarités dont l'aboutissement final est l'individu. Aujourd'hui, les rapports de commandement autoritaire cèdent peu à peu la place à des formes d'autorité négociées, plus respectueuses des capacités d'initiative des individus, plus attentives à s'appuyer sur des motivations adéquates ; et ceci d'autant plus que ce style de management apparaît comme un facteur clé de productivité. Le mot américain « empowerment » reflète bien ce souci de donner à chacun, quel que soit son statut, le maximum d'initiatives, ainsi que les outils techniques et intellectuels lui permettant d'être le plus performant possible.

## De « l'entreprenant » à l'entrepreneur : le rôle des créateurs d'entreprises

Robert Rochefort a mis en évidence l'évolution de notre société vers un monde « post-salarial ». Les nouveaux comportements d'autonomisation et de responsabilisation auxquels les individus aspirent et qu'on leur demande d'adopter au sein des entreprises ont comme référent le chef d'entreprise ou la profession libérale. A l'heure de l'économie de l'information et de la connaissance, la Small Business Administration des États-Unis souligne que chaque agent économique doit choisir comment tirer au mieux parti de la valeur économique de ses connaissances en comparant le salaire qu'il gagnerait en temps qu'employé dans une entreprise existante avec la valeur des profits générés par la création qu'il pourrait faire d'une nouvelle entreprise. Cette même administration in-siste sur le fait que l'entreprise n'est pas la seule unité naturelle d'analyse, mais que ce sont les individus, les femmes et les hommes, qui sont des entrepreneurs poten-tiels. Elle met l'accent sur l'apport décisif, économique et social, des créateurs d'entreprises dans une économie en bouillonnement permanent : « Les nouvelles entreprises font partie intégrante du processus de renouvellement et de « destruction créatrice [72]» qui caractérisent une écono-mie de marché. Elles ont un rôle clé comme moteur du changement technologique et de l'accroissement de la productivité… Elles jouent également un rôle décisif en matière de création d'emplois ». Un des facteurs majeurs du succès de l'économie américaine est la force et le dy-namisme du mouvement de création d'entreprises : le nombre de création d'entreprises s'est accru régulière-ment aux États-Unis d'environ 4,5% par an sur 15 ans, de 1982 à 1997. En revanche, à l'exception des années 1994 et

---

[72] Cette expression élaborée par Joseph Schumpeter est souvent employée pour caractériser la dynamique de redéploiement des emplois peu productifs vers des emplois à haute valeur ajoutée caractéristiques de la nouvelle économie.

1995, les créations d'entreprises en France ont décru de 1989 à 1998, même si un statut d'entreprise uniperson-nelle à responsabilité limitée (EURL) a été créé.

En tout état de cause, Internet et le Web peuvent contri-buer d'une manière forte à la création d'entreprises indi-viduelles en abaissant considérablement les barrières à l'entrée sur le marché : diminution drastique des besoins de locaux professionnels, coûts d'équipement et de fonc-tionnement extrêmement réduits, capacité potentielle à toucher un très vaste marché.

## Manager sa vie professionnelle comme une entreprise

Face au relâchement de ses liens avec son entreprise (pro-lifération des formes de travail temporaires, passage beaucoup plus rapide d'une entreprise à une autre, moin-dre adhésion physique à l'entreprise avec la multiplica-tion des déplacements et le télétravail, moindre impor-tance des codes traditionnels de comportement comme une certaine conformité vestimentaire par exemple), le salarié a et aura de plus en plus à manager sa vie profes-sionnelle pour son propre compte sans attendre que l'entreprise s'en charge. Comme s'il était un entrepreneur, il se doit de penser au capital humain qu'il représente, en se préoccupant lui-même de l'entretenir et de le dévelop-per en :

- Investissant dans son employabilité, c'est à dire en se formant continûment, en développant ses connaissan-ces, en étendant ses contacts et ses relations ;
- Acceptant d'être mobile, de changer d'entreprise pour progresser dans son niveau de responsabilité et acqué-rir de nouvelles compétences ;
- Faisant son propre marketing, c'est à dire en évaluant régulièrement sa côte sur le marché.

Aujourd'hui, l'individu connecté fort de ses connaissances, et non plus seulement l'entreprise, s'affirme comme l'unité clé d'organisation.

« *Cette libération de l'action individuelle est le résultat d'une convergence de facteurs : émancipation vis à vis des institutions collectives, élimination du travail répétitif et de pure exécution, élévation du niveau d'éducation, diversification des croyances. Chacun désormais a la responsabilité de s'assumer et de se construire un avenir sans pouvoir croire un seul instant qu'une structure quelque part s'en chargera à sa place*[73] » déclare Robert Rochefort qui souligne également que « *l'individu isolé et solitaire est une impasse. La responsabilisation et l'autonomie vont de pair avec la capacité de rester liés aux autres en permanence.* »

# L'individu en réseau : la personne réinventée par Internet ?

De nombreux courants de pensée, dont le personnalisme, ont souligné que l'individu ne peut s'épanouir qu'au sein d'une communauté (familiale, régionale, nationale, internationale…). Aujourd'hui, une convergence d'évolution sociologique et technologique fait que l'individu est plus autonome que jamais et en même temps interconnecté à des réseaux de plus en plus denses et de plus en plus vastes. Une dialectique s'établit donc entre indépendance et interconnexion : c'est parce que l'individu peut aujourd'hui fonctionner en réseau avec des partenaires distants et variés qu'il gagne en autonomie par rapport à son milieu proche. Autrefois, c'était exclusivement la ville qui jouait ce rôle émancipateur et créateur d'ouverture et d'opportunités par rapport au milieu rural. Aujourd'hui, Internet et le Web ouvrent des fenêtres sur le

---

[73] Robert Rochefort, « Le consommateur entrepreneur » Odile Jacob, 1997

monde, créent des opportunités de marché, des possibilités de coopération professionnelle, des facilités d'approvisionnement au meilleur prix... .

Qu'il s'agisse du créateur d'entreprise qui a 80% de chances de succès lorsqu'il se met en réseau et seulement 50% de probabilité de survie dans le cas contraire ; qu'il s'agisse du consommateur qui peut bénéficier de réductions substantielles dès lors qu'il se regroupe avec d'autres au sein de communautés électroniques ; qu'il s'agisse du citoyen qui souhaite aller au delà de l'exercice de son droit de vote pour participer plus activement à la vie de la communauté à travers le tissu associatif, l'individu développe d'autant mieux ses capacités, qu'il fonctionne en réseau et devient ainsi une « **personne** » à part entière, assumant à la fois sa spécificité individuelle et son interdépendance avec les autres.

# Chapitre V

# Universalisation

*« Internet est pour tout un chacun »*[74].

Alors que la décentralisation et la personnalisation représentent un mouvement de fragmentation, de différenciation, de singularisation, d'autres forces jouent dans le sens d'une généralisation, d'une mondialisation, d'une intégration. Au cours de la longue histoire de la vie et de l'humanité, la tendance générale et continue a été de relier progressivement des individus et des communautés plus ou moins isolés dans des ensembles toujours plus vastes et à des échelles toujours plus grandes ; de généraliser et de systématiser les processus et les choses qui fonctionnent bien et qui sont efficaces.

Internet et le Web s'inscrivent parfaitement dans cette dynamique d'universalisation et, en retour, contribuent fortement à la renforcer, à la fois sous sa forme géographique, la mondialisation, et sous sa forme fonctionnelle, la généralisation. Internet et le Web, c'est en effet le dépassement des frontières nationales et des frontières techniques. Dépassement des frontières nationales puisque la toile est un réseau mondial, dépassement des frontières techniques puisque Internet et le Web ont été précisément conçus pour assurer une interopérabilité entre les différents types d'ordinateurs et les différents types de programmes informatiques.

---

[74] Devise de l'Internet Society (ISOC).

# La mondialisation

Comme pour d'autres phénomènes, la mondialisation ne date pas d'aujourd'hui et s'inscrit dans le processus continu de l'évolution de l'humanité : depuis la diffusion de la population humaine sur l'ensemble des continents en passant par les grandes découvertes qui initient le développement des échanges internationaux entre l'Europe et l'Amérique, l'Afrique, l'Asie suite aux grandes découvertes et jusqu'à une première mondialisation des capitaux et des marchés sous l'égide britannique à la veille de la première guerre mondiale. Aujourd'hui, la mondialisation s'étend et s'approfondit avec la dématérialisation croissante des territoires et des échanges, avec le triomphe quasi universel de l'économie de marché, avec la libéralisation du commerce international, et... avec Internet et le développement du commerce électronique.

## Dématérialisation croissante des territoires et des échanges

La révolution de l'agriculture et du néolithique en sédentarisant et en densifiant les populations, avait enraciné l'homme pour longtemps dans des territoires. Le pivot de l'existence c'était l'appartenance à un territoire bien défini, délimité par des frontières matérialisées par des bornes, des clôtures, des fortifications. Le principe de la délimitation territoriale régissait l'ensemble de la société : qu'il s'agisse de l'organisation des compétences administratives (réparties selon des circonscriptions territoriales précises) ou qu'il s'agisse de la propriété (« Le premier qui, ayant enclos un terrain, s'avisa de dire : Ceci est à moi, et trouva des gens assez simples pour le croire, fut le vrai fondateur de la société civile[75] » ).

---

[75] J.J. Rousseau, Discours sur l'inégalité, 1754.

Or, une subversion du principe territorial s'opère avec la primauté que le temps conquiert sur l'espace. Aujourd'hui, ce qui compte, ce n'est plus la proximité physique, mais la distance temps. Les moyens de communication rapides d'aujourd'hui, autoroutes, TGV, avions, etc...., réduisent considérablement cette distance temps et entraînent une appréhension nouvelle de la proximité. Aller de Paris à Lille en TGV ne prend pas plus de temps (1 heure) que de traverser Paris en métro, ou l'agglomération parisienne en RER. La distance prix joue également : le prix d'un vol charter Paris-New-York peut être inférieur au prix d'un vol Nice-Bordeaux. Les performances croissantes des télécommunications dont les coûts deviennent de moins en moins proportionnels à la distance géographique accentuent cette dématérialisation du territoire. Dès lors on observe une explosion du tourisme international (260 millions de voyageurs internationaux en 1980, 590 millions en 1996) et des communications téléphoniques internationales (33 milliards de minutes en 1990 à 70 milliards de minutes en 1996).

Ce qui importe donc c'est de moins en moins la proximité géographique mais de plus en plus la connexion à des réseaux de communication et d'échanges. En créant de nouvelles proximités, le temps disloque la cohérence traditionnelle du territoire. La proximité s'éloigne et le lointain se rapproche. L'espace de référence n'est plus seulement l'espace continu du territoire, mais un système d'espaces relationnels souvent séparés par de grandes discontinuités géographiques. Pour des particuliers ou pour des entreprises, se sont moins les voisins qui comptent que des relations pertinentes en adéquation avec des objectifs spécifiques recherchés.

Cette moindre importance du territoire renforce les multi-appartenances à différents types et différentes échelles de communautés (cf. le développement de communautés de culture et de préoccupations partagées à l'échelle mondiale, l'émergence d'ensemble multi-nationaux comme l'Union Européenne,...). Elle contribue également à réduire l'omnipotence des systèmes de contrôle fondés sur le territoire, et ainsi à relativiser le pouvoir des Etats.

Par ailleurs, la dématérialisation des échanges est facteur d'accélération de la mondialisation. Le développement rapide et massif d'une économie de l'immatériel se traduit dans les échanges internationaux par le recul constant de la part relative des matières premières et l'accroissement considérable de la part relative des échanges de produits et de services immatériels (brevets, copyrights, conseils, produits et services financiers) et des mouvements de capitaux. Le commerce électronique international en expansion fulgurante incarne cette dématérialisation des échanges internationaux et y contribue puissamment. Or, délestés de leur pesante matérialité et des coûts de transport qui y sont associés (même s'ils sont en très forte baisse), les échanges immatériels sont beaucoup plus faciles et beaucoup moins coûteux d'un bout à l'autre de la planète.

## Le triomphe quasi universel de l'économie de marché et la libéralisation du commerce international

La fin de la guerre froide et la chute du mur de Berlin en 1989 ont ôté les barrières politiques et économiques qui tenaient à l'écart 400 millions de personnes en Europe de l'Est et en ex URSS, et près d'un milliard trois cent millions de personnes en Chine et au Vietnam. Les idées et les informations ont commencé à circuler au fur et à mesure que ces pays levaient la censure, les restrictions aux déplacements à l'étranger. Une évolution idéologique globale s'est ainsi produite dans la dernière décennie en faveur d'un rôle accru du marché et d'un moindre rôle de l'Etat. L'économie s'est développée en relation avec la levée d'un certain nombre d'obstacles à l'entreprise privée. Parallèlement, des politiques de libéralisation du commerce international et d'accueil des flux d'investissements étrangers se sont développées. C'est ainsi que l'Inde, le Brésil et la Chine, par exemple, ont baissé substantiellement leurs tarifs douaniers, que des accords mondiaux de réductions de tarifs ont été conclus à là fin de l'Uruguay Round à Marrakech en 1994, que les investissements directs étrangers ont connu une ampleur considérable, que les marchés financiers se sont ouverts dans un certain nombre de pays. C'est ainsi que les investissements directs étrangers ont atteint 400 milliards de dollars en 1997 soit 7 fois le niveau qu'ils avaient atteint à prix constant en 1970 ; les échanges de devises étrangères sur les marchés sont passés de 10 à 20 milliards de dollars en 1970 à 1.500 milliards de dollars **par jour** en 1998.

# Internet et la mondialisation

Internet et le Web constituent aujourd'hui un des symboles majeurs de la mondialisation. Leurs noms mêmes incarnent cette dimension mondiale. Internet évoque un réseau international. Le World Wide Web explicite expressément l'échelle mondiale d'une toile tissée de fils multiples.[76]

## Internet, moteur de la mondialisation

Internet rétrécit la planète et comprime le temps. Il offre en effet un rapport coûts/performances sans précédent pour participer à la mondialisation. Avec Internet, l'accès aux personnes, aux entreprises, aux marchés, situés à

---

[76] World Wide Web signifie littéralement : « toile d'échelle mondiale ».

l'autre bout du monde devient instantané et ridiculement peu cher. Précisément parce qu'il est si peu coûteux et si facile d'utilisation, Internet permet de multiplier les échanges internationaux et de ne pas les limiter à telle où telle région du monde. Si des obstacles linguistiques, culturels, politiques demeurent, Internet à tout le moins libère les entraves physiques et économiques à une « globalisation » des relations. Désormais, l'ensemble de la planète constitue un terrain potentiel d'activités pour chacun, parce qu'Internet accroît les capacités d'action mondiale des particuliers comme des très petites et des très grandes entreprises. En outre, Internet permet de développer à l'échelle mondiale les échanges associatifs entre personnes partageant les mêmes préoccupations aussi bien que de conclure des transactions commerciales électroniques.

On assiste aujourd'hui à l'émergence et à la multiplication d'entreprises mondiales à travers des processus de croissance interne et à travers des fusions (Hoechst / Rhône Poulenc, Total-Fina / Elf ...) et des acquisitions.
La croissance des fusions et acquisitions transnationales est devenue une tendance forte de l'économie mondiale et un moteur des investissements directs étrangers. Selon une étude du cabinet d'audit KPMG Corporate Finance, près de 2 500 opérations transfrontalières ont été réalisées au cours du premier semestre 1999. Leur montant total a dépassé les 411 milliards de dollars (384 milliards d'euros), en hausse de 68 % par rapport au premier semestre de 1998.

«La course au gigantisme ne semble pas prête à s'arrêter. Après s'être développée aux États-Unis, elle s'empare de toute l'Europe. La naissance de l'Euro, qui impose aux groupes un changement de dimension pour exister au sein du marché unique, vient sans doute nourrir cet engouement. Il se trouve renforcé par la pression exercée par les concurrents américains, en train de constituer des groupes de taille mondiale. Face à ces nouveaux « titans », les anciens champions nationaux européens apparaissent comme des Lilliputiens. Craignant d'être marginalisés, ils ressentent la nécessité urgente de se regrouper[77] ».

Or Internet facilite la concentration des entreprises et le développement d'entreprises mondiales.
Ceci à travers deux mécanismes :
- La diminution des coûts de communication et de transactions à l'échelle mondiale, qui bénéficie à tous les types d'entreprises ;
- La possibilité d'une meilleure organisation interne leur permettant de fonctionner d'une manière décentralisée.

La mondialisation favorise les économies d'échelle : en élargissant les marchés nationaux ou régionaux à des marchés mondiaux, des sources d'économies d'échelle apparaissent, que ce soit dans la production de biens finaux (voitures, ordinateurs, téléviseurs...), ou bien dans la production de biens intermédiaires (châssis, composants électroniques...) parce que les quantités en jeu augmentent. Les économies d'échelle sont en effet fondées sur le fait que les coûts fixes (équipements, investissements de conception...) qui constituent une partie importante du coût total se trouvent répartis sur un très grand nombre d'unités, et que par conséquent plus la production est importante, plus le coût unitaire de chaque produit est faible.

---

[77] Le Monde du 20 Août 1999 Article de Martine Orange, qui poursuit : « Le secteur des télécommunications a été le premier à prendre la mesure de ces changements. A voir les groupes américains se regrouper, s'emparer de sociétés performantes dans les nouvelles technologies, les opérateurs européens ont senti la nécessité de réagir, sous peine de se laisser distancer et de perdre pied dans la révolution du numérique et d'Internet. Prise de contrôle de sociétés de téléphone mobile, concentration dans le câble, rachat de sociétés spécialisées dans les technologies Internet : chaque groupe a sa stratégie d'approche. »

Mais, ces économies d'échelle sont elles mêmes sujettes à d'importantes limitations qui tiennent notamment à l'élévation des coûts de gestion et à l'augmentation des risques de dysfonctionnement (lourdeur bureaucratique, perte de réactivité...) au fur et à mesure de l'accroissement de la taille de l'entreprise.

Or Internet permet précisément de dépasser ces limitations propres aux entreprises géantes en leur donnant la possibilité de simuler le fonctionnement de petites entreprises. Internet, en effet, avec les Intranets, permet la mise en réseau des différentes unités de l'entreprise réparties à travers le monde et leur coordination interactive directe sans forcément avoir à passer par l'échelon central.

Internet, c'est aussi la mondialisation au quotidien et pour chacun.

Pour les petites et moyennes entreprises, et même pour les entreprises individuelles, Internet est la porte d'accès à la mondialisation.

Ce sont des vignerons, des producteurs de fromages, de produits du terroir qui promeuvent leur production et l'exportent dans le monde entier. Comme l'indique le rapport du PNUD,[78] « Le potentiel du commerce électronique n'est pas limité aux entreprises avec les sites Web sophistiqués et aux clients disposant de cartes de crédit ; il y a beaucoup de façons différentes d'utiliser le Web pour faire des affaires : établir des contacts, comparer les prix, proposer et vendre des produits, développer des coopérations. Peoplink est une organisation commerciale qui vend des objets artisanaux sur Internet en reliant le travail de plus de 130 000 artisans à travers 14 pays d'Afrique, d'Asie et d'Amérique Latine. En photographiant leur travail avec un appareil photo numérique, les artisans membres du réseau peuvent afficher leurs produits sur Inter-

---

[78] Programme des Nations Unies pour le Développement, rapport sur le développement humain, 1999.

net et recevoir des commandes du monde entier. »

Ce sont des gens qui trouvent des emplois grâce au télétravail transnational : certaines îles Caraïbes ont attiré beaucoup de compagnies américaines en profitant d'une main d'œuvre minimalement qualifiée et à faible coût pour procéder à la saisie de données. En 1994, le salaire horaire était de 7 à 8 dollars aux USA à comparer à 1 dollar et demi pour la Dominique, Sainte Lucie... Le PNUD qui cite cet exemple ajoute que le coût des télécommunications est un facteur clé de la compétitivité et que les pays en développement se doivent, pour être concurrentiels, de développer Internet et les technologies de communication numérique induisant des faibles coût de communication.

Internet permet des échanges entre personnes et organisations partageant des préoccupations semblables à l'échelle mondiale.

La « démocratisation de la mondialisation » qu'Internet suscite ne touche pas seulement le secteur économique, elle donne des capacités accrues aux gouvernements des petits pays et des pays pauvres qui peuvent alors accéder à des données qui les concernent (en 1990, plus de 90% des données concernant l'Afrique étaient gérées et stockées aux USA et en Europe), avoir accès à une expertise internationale, et renforcer leur position dans les négociations internationales. Le réseau des petits Etats insulaires en développement, « Small Islands Developing States Network » est un forum pour les 42 nations membres allant de Malte à l'Ile Maurice, de Cuba aux Comores, pour partager des données et des expériences relatives à des préoccupations communes : tourisme et développement durable, ressources maritimes et côtières, énergie... .

Internet donne également des capacités accrues à ceux qui luttent pour une même cause, qu'il s'agisse des castes défavorisées en Inde, ou bien des associations féminines au Mexique telles que « Mujer a Mujer » et leur permet de mieux faire entendre leur voix. Ce faisant, Internet facilite l'action des Organisations Non Gouvernementales internationales dont le nombre s'est accru de 176 en 1909 à 28 900 en 1993[79].

Plus généralement, Internet représente un outil privilégié pour la construction d'une « **société civile planétaire** » en permettant l'émergence de communautés électroniques transnationales échangeant sur les sujets les plus variés, qu'il s'agisse de loisirs, (jeux, sport, …), d'art, (cinéma, peinture, …), d'écologie, d'informatique, de politique, etc… .

# Mondialisation et société de l'information : enjeux et ambivalence

Ne serait-ce que parce qu'elle change l'ordre existant, la mondialisation suscite des peurs et des inquiétudes. Pourtant, force est de noter qu'elle semble avoir été globalement bénéfique : « Le monde aujourd'hui a plus d'opportunités qu'il y a 25 ans ou 100 ans. La mortalité infantile à l'échelle mondiale a diminué de moitié depuis 1965. Dans les pays en développement, la proportion d'élèves dans les écoles primaires est passée de moins de la moitié de leur classe d'âge à plus des ¾. Le taux d'alphabétisation des adultes est passé de 48% en 1970 à 70% en 1997. Le monde est plus prospère, le PNB mondial a été multiplié par 9 dans les 50 dernières années. La part des gens bénéficiant d'un niveau de développement humain moyen est passé de 55% en 1975 à 66% en 1997 tandis que la proportion de personnes n'ayant qu'un faible

---

[79] D'après la « Commission on Global Governance », 1995 citée dans le rapport du Programme des Nations Unies Pour le Développement.

niveau de développement humain tombait de 20 à 10% »[80].

Ces progrès remarquables s'accompagnent cependant d'une pauvreté qui persiste (1,3 milliard de personnes n'ont pas accès à une eau de bonne qualité, 840 millions sont mal nourries) et la croissance a eu pour résultat d'augmenter régulièrement les inégalités entre pays sur le long terme : le rapport entre le PNB par habitant du pays le plus riche et celui du pays le plus pauvre était de 1 à 3 en 1820, 1 à 11 en 1913, 1 à 5 en 1950, 1 à 44 en 1973, 1 à 72 en 1992.

Ces inégalités ne constituent pas une fatalité : beaucoup de pays ont rattrapé les plus avancés. Le Japon avait seulement 20% du revenu américain en 1950 alors qu'en 1992, il était à 90%. Des pays aussi variés que la Chine, le Chili, l'Ile Maurice, la Pologne ont réussi à bénéficier des nouvelles opportunités mondiales, tandis que d'autres tels que le Cameroun, le Niger, le Vénézuéla, la Russie obtenaient de beaucoup moins bons résultats.

En réalité, il semble bien que le chemin du développement passe pour un pays par son intégration dans le flux des échanges planétaires. Un certain nombre de pays ont réussi à générer des emplois en prospectant les marchés mondiaux, par exemple en obtenant des commandes pour l'élaboration de logiciels à Bangalore en Inde, pour l'assemblage d'ordinateurs au Costa Rica, pour les services high-tech en Irlande.

De la même manière que les nouveaux pays industrialisés d'Asie et d'Amérique Latine ont réussi à prendre le chemin du développement en jouant le jeu de l'intégration dans l'économie mondiale, l'enjeu d'aujourd'hui et de demain, à l'heure d'Internet et du Web, est pour chaque pays de s'intégrer d'une manière pertinente dans l'économie mondiale de l'information et de la connais-

---

[80] Programme des Nations Unies pour le Développement.

sance fonctionnant en réseau et de jouer la carte de l'interconnexion. Ceci signifie deux choses :

- D'une part, accompagner l'intégration dans le processus de mondialisation par des mesures nationales adéquates visant notamment à amortir les chocs sociaux économiques et culturels de celle-ci[81] ;
- D'autre part, promouvoir le passage à la société de l'information et de la connaissance.

Comme le souligne en effet le rapport du PNUD, la planète avance à un pas inégal vers la société cognitive et les utilisateurs d'Internet constituent une sorte d'élite formant une « haute société mondiale ». L'internaute type est un homme de moins de 35 ans, urbain, avec une formation universitaire et un haut niveau de revenus, et qui parle anglais. Dès lors, l'utilisation d'Internet reproduit les lignes de fracture des sociétés nationales en séparant les gens formés de ceux qui ne le sont pas, les hommes des femmes, les riches des pauvres, les jeunes des vieux, les urbains des ruraux. La haute société mondiale « branchée » réunit ceux qui sont dotés de revenus, d'une formation, et qui sont connectés au sens propre du terme, en leur fournissant à faible coût et rapidement une information abondante ; et elle laisse de côté les autres qui ne disposent pas de connexions et qui sont bloqués par les obstacles de temps et de coût et dépendants d'informations dépassées.

Le PNUD formule cinq recommandations pour que chaque pays tire parti des opportunités procurées par la nouvelle société cognitive et évite un trop grand accroissement des inégalités :

---

[81] Cf. Chapitre 4 du rapport du PNUD sur le Développement Humain: « Politiques nationales pour faire jouer la mondialisation dans le sens du développement humain » 1999.

- *Développer une infrastructure de télécoms ne se focalisant pas seulement sur les clients urbains rémunérateurs.*
  Le Sénégal, qui a privatisé son service de télécommunications a exigé des opérateurs qu'ils installent des téléphones publics dans au moins 50% des villages ayant plus de 3000 habitants. Les gouvernements du Bangladesh et de l'Ile Maurice ont supprimé les taxes et les droits de douane sur les ordinateurs personnels pour faciliter leur diffusion.
- *Favoriser l'accès collectif et pas seulement la propriété personnelle.*
  Un téléphone par famille est un concept irréaliste pour les pays en voie de développement et pour les communautés défavorisées. Il est donc plus pertinent de créer des centres communautaires multimédias, des « télécentres » accessibles à travers des bureaux de poste, des centres sociaux, des bibliothèques… . (Cf. encadré sur le programme « Cyberposte » de la Poste française).
- *Développer la capacité des gens à utiliser Internet.*
  Ceci commence à l'école. En Hongrie, le programme a permis aux élèves de plus des 2/3 des classes secondaires de surfer sur le Net à partir de leur salle de classe. Au delà de la connexion à l'école, un soutien technique est essentiel pour former les professeurs. C'est ainsi qu'en Finlande les enseignants reçoivent un mois de formation à l'utilisation d'Internet et des nouvelles technologies de communications dans leurs classes.
- *Favoriser un contenu culturel local*
  Internet peut jouer un rôle important pour faciliter l'épanouissement des langues et des cultures nationales et régionales. En Estonie, un programme a été développé pour faciliter l'enseignement de l'estonien et de l'histoire du pays. Les Vietnamiens de la Silicon Valley utilisent Internet pour garder vivante la culture vietnamienne à travers la diaspora dans le monde entier.

- *Développer des solutions originales et créatives adaptées à chaque pays et notamment aux pays pauvres.*
  Dans la campagne bolivienne où la plupart des fermiers n'ont jamais vu un ordinateur, ils ont cependant accès à Internet à travers un système de demande d'informations auprès d'une station de radio qui transmet les questions posées sur Internet et diffuse par radio les réponses en retour. A Pondichéry, les ordinateurs alimentés par l'énergie solaire sont mis à jour quotidiennement à partir d'un centre régional ayant un accès direct à Internet et donne des informations variées sur les prix agricoles, les transports… .

Les inégalités dans l'accès à la société cognitive ne jouent pas seulement à l'intérieur de chaque pays, elles jouent aussi à l'échelle mondiale. L'Amérique du Nord qui représente 5% de la population mondiale recèle 50% des internautes du monde entier (cf. e-Stats). Une série de mesures établies par P.N.U.D montre l'amplitude des différences qui séparent les États-Unis et le Japon des pays moins avancés comme la Jordanie et la Bulgarie. Internet, moteur de la mondialisation, a donc encore des progrès à accomplir pour devenir lui même un outil complètement et authentiquement mondial. L'évolution naturelle des choses tend cependant à aller vers une relativisation de la part américaine d'Internet et vers sa mondialisation accrue en s'appuyant notamment sur le développement rapide d'Internet en Europe[82] et en Asie[83].

---

[82] Cf E-Marketer. 12 juillet 1999 « L'Europe avec une population de 387 millions d'habitants et avec la monnaie unique constituée par l'Euro va devenir la prochaine zone de forte croissance du Web. Quoique le niveau de pénétration d'Internet ait été de seulement 6,4% à la fin de 1998 (à comparer aux 17,8% des USA et aux 19,2% du Canada) la plupart des pays européens prennent désormais les mesures nécessaires pour que leurs entreprises et leurs citoyens soient enfin connectés ».

[83] Cf. Business Week, numéro sur la Chine et Internet

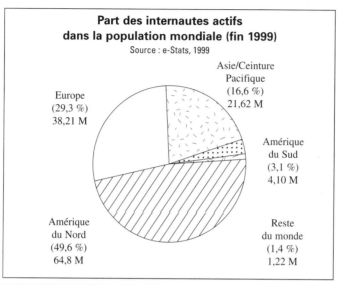

**Part des internautes actifs
dans la population mondiale (fin 1999)**
Source : e-Stats, 1999

Asie/Ceinture
Pacifique
(16,6 %)
21,62 M

Europe
(29,3 %)
38,21 M

Amérique
du Sud
(3,1 %)
4,10 M

Amérique
du Nord
(49,6 %)
64,8 M

Reste
du monde
(1,4 %)
1,22 M

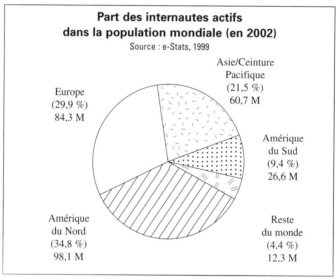

**Part des internautes actifs
dans la population mondiale (en 2002)**
Source : e-Stats, 1999

Asie/Ceinture
Pacifique
(21,5 %)
60,7 M

Europe
(29,9 %)
84,3 M

Amérique
du Sud
(9,4 %)
26,6 M

Amérique
du Nord
(34,8 %)
98,1 M

Reste
du monde
(4,4 %)
12,3 M

*Le programme français Cyberposte
vise à familiariser le grand public avec le réseau Internet
et comporte 1 000 bornes, réparties sur l'ensemble
du territoire dans des bureaux de poste*

Cyberposte offre plusieurs types de services : l'émission
et la réception de courrier électronique grâce à l'adresse
électronique (mél) attribuée gratuitement à tous ceux qui
souhaitent utiliser Cyberposte, l'accès à des sites
d'information et à des forums de discussion. La Poste a
choisi de privilégier les sites d'informations locales et
pratiques, existantes ou à développer avec des acteurs du
développement économique local telles que les collectivités territoriales, les entreprises ou les associations, ou
encore des sites offrant un contenu pédagogique, par
exemple un guide de découverte de l'Internet. Un agent
d'accueil, dans le cadre de sa mission générale d'accueil
en bureau de poste, est chargé d'assister le public et de lui
expliquer les modalités de fonctionnement du site. Ces
agents, recrutés en tant qu'emplois-jeunes par La Poste,
ont reçu une formation appropriée par des professionnels.
En mettant ainsi à la portée de tous les nouveaux moyens
de communication électronique, La Poste s'inscrit plei-
nement dans ses missions de service public et
d'aménagement du territoire puisque le programme
Cyberposte concerne aussi bien des bureaux situés en milieu urbain qu'en zone rurale et en zone urbaine sensible.

Pour accélérer la réduction des inégalités à l'échelle mondiale dans l'accès à la société cognitive, et considérant que
le marché ne permettra qu'à ceux disposant déjà d'un
certain revenu et d'une certaine formation de devenir des
citoyens du monde, le P.N.U.D. préconise deux mesures :

➢ *Favoriser des règles du jeu économique prenant en compte les préoccupations et les intérêts des pays en développement et pas seulement ceux des pays développés.*
Internet n'est pas seulement un système de communication mondiale, c'est aussi un enjeu économique et financier et notamment à travers l'existence ou l'absence de règles spécifiques concernant la propriété intellectuelle, la confidentialité, les taxes…Selon le P.N.U.D., la régulation d'Internet ne doit pas être le seul fait des États-Unis, de l'Union Européenne ou de l'O.C.D.E. mais être assurée par la communauté mondiale.

➢ *Financement : proposition d'une « bit tax ».*
Une taxe d'un très faible montant, négligeable pour les usagers, sur les données envoyées par Internet et qui atteindrait cependant des sommes substantielles compte tenu du volume des données transportées et permettrait de financer des actions de développement de l'accessibilité à Internet pour en faire un véritable « service public mondial ».

### *Les filtres d'accès à Internet selon le P.N.U.D.*

Le niveau de revenu facilite l'accès à Internet. Des enquêtes nationales sur Internet menées en 1998/99 révèlent que : 90% des internautes en Amérique Latine sont dans les tranches supérieures de revenus ; l'achat d'un ordinateur représentait 8 ans de salaire pour le Bangladeshi moyen avec juste 1 mois de salaire pour l'américain moyen. Au fur et à mesure que les coûts baissent, il y a des opportunités pour les moins favorisés.

La formation constitue un billet d'entrée pour le réseau de la haute société mondiale. 30% des internautes du monde entier possèdent un diplôme universitaire, au Royaume-Unis, c'est 50%, en Chine 60% au Mexique, 67%.

Les hommes prédominent ; les femmes ne représentent que 38% des internautes aux USA, 17% au Japon et en Afrique du Sud, 7% en Chine. Cette tendance démarre très tôt aux USA, 5 fois plus de garçons que de filles utilisent les ordinateurs à la maison et les parents dépensent 2 fois plus de produits technologiques pour leur fils que pour leur fille.

Les jeunes prédominent aussi. L'âge moyen des internautes est de 36 ans aux USA, de moins de 30 ans en Chine et au Royaume Uni.

L'anglais prévaut : 80% des sites Internet sont en anglais et seulement 1 personne sur 10 parle anglais dans le monde.

# Généralisation et systématisation

En parallèle et concurremment à la mondialisation, un mouvement de généralisation et de systématisation se développe. Des cadres de référence communs émergent et permettent de coordonner des entreprises, des secteurs d'activité économique, des disciplines scientifiques.
Trois exemples avant d'examiner le rôle d'Internet et du Web :
- Les systèmes monétaires et financiers ;
- Les mathématiques ;
- Les normes.

# Les systèmes monétaires et financiers

La fonction même de la monnaie est de créer un étalon permettant de mesurer à la même aune la valeur de choses extrêmement variées et différentes. C'est ainsi que la monnaie constitue un système de référence universel. Les marchés financiers permettent d'arbitrer les différentiels de rentabilité entre les entreprises et de réguler ainsi les investissements et l'économie. Ils contribuent ainsi à coordonner le développement des différents secteurs d'activité économique et à faciliter leur décloisonnement.

# Les mathématiques et l'informatique, facteurs d'universalisation

Les mathématiques, langage universel par excellence, ont permis de donner une base de référence commune et des outils conceptuels communs aux différentes disciplines scientifiques. Les mathématiques sont également allées beaucoup plus loin que le traitement des nombres. A partir du XIX° siècle, elles ont été considérées comme une science des relations logiques permettant d'aboutir à des conclusions complexes à partir de postulats, d'axiomes et de règles bien définies. Les mathématiques ont été ainsi à l'origine de l'informatique précisément dans la mesure où cette dernière ne consiste pas seulement à effectuer des calculs sur des chiffres mais à procéder à des opérations logiques complexes. Les philosophes grecs du V° siècle avant J.C. avaient déjà jeté les bases de la logique formelle, notamment à travers les syllogismes d'Aristote. Il a fallu cependant attendre le XIX° siècle pour que George Boole établisse le premier un lien décisif entre les principes de la logique formelle et les mathématiques. En construisant un système mathématique (connu désormais sous le nom d'algèbre de Boole), capable de traiter et de résoudre les problèmes de logique formelle, Boole a jeté les bases conceptuelles de l'informatique. Un autre mathématicien britannique, lui aussi, mais vivant un siècle plus tard lors de la deuxième guerre mondiale, Alan Turing, articula également mathématiques et logique en concevant une machine théorique (« la machine de Turing ») permettant d'effectuer non seulement des calculs mais des opérations logiques de plus en plus complexes. Les travaux de Turing inspirèrent naturellement le développement des ordinateurs et de l'informatique. Or, comme on l'a déjà vu, l'informatique est devenue aujourd'hui un outil incontournable pour traiter toute tâche un peu complexe. L'informatique est devenue *universelle*, pas seulement parce qu'elle s'est répandue dans le monde entier mais parce qu'elle a colonisé presque tous les domaines de l'activité humaine, sciences, industries, média, etc.... .

## Les normes internationales

La normalisation internationale commença dans le domaine électrotechnique avec la création, en 1906, de la Commission électrotechnique internationale (CEI). Une nouvelle organisation, l'Organisation Internationale de Normalisation (ISO) entra officiellement en fonction après la Seconde Guerre mondiale en 1947. L'ISO collabore avec son homologue de la normalisation internationale, la CEI, dont le domaine d'activité complète le sien.

Ce système de normalisation internationale répond aux besoins suivants :
- *Donner une base loyale à la concurrence internationale* ... et pour ce faire, s'appuyer sur des références communes, clairement définies, reconnues d'un pays à l'autre et d'une région à l'autre. Une norme valable à l'échelle de l'industrie, reconnue au plan international et élaborée par consensus entre partenaires économiques, constitue le langage universel du commerce. Un

composant ou un système fabriqué en conformité avec les normes CEI dans un pays A peut être vendu et utilisé dans les pays B à Z.

- *Garantir l'interopérabilité de systèmes complexes.*
Dans le monde d'aujourd'hui, aucune industrie ne saurait s'affirmer entièrement indépendante en matière de composants, produits, règles d'application, etc., développés dans d'autres secteurs. Les boulons sont utilisés dans l'aviation comme dans les machines agricoles ; le traitement électronique des données a pénétré toutes les industries et la nécessité d'avoir des produits et des processus écologiques, ainsi que des emballages recyclables ou biodégradables, est une préoccupation universelle. Or les normes facilitent l'interopérabilité et la compatibilité des biens et des services et leur emploi universel dans de multiples branches d'activité.
- *Diminuer le coût des produits*
… en promouvant des systèmes ouverts qui stimulent une concurrence saine entre les fabricants et offrent aux utilisateurs des choix réels.

Les normes internationales contribuent ainsi à nous simplifier la vie et à accroître la fiabilité et l'efficacité des biens et services que nous utilisons.

# Internet et le Web, emblèmes d'une généralisation systématique

## Internet et le Web, un système de normes ouvertes à vocation universelle

Internet et le Web reposent sur un système de normes ouvertes, non propriétaires, gratuites, et à vocation délibérément universelle. Comme l'indique Tim Berners-Lee :

« Si la technologie avait été propriétaire et complètement sous mon contrôle, le Web n'aurait probablement pas décollé. La décision de faire du Web un système ouvert était nécessaire pour qu'il soit universel. Vous ne pouvez pas proposer que quelque chose devienne un espace universel et en même temps en garder le contrôle ».

En effet, des normes universelles facilitent considérablement les opérations et réduisent drastiquement les coûts de mise en relation. Elles permettent d'attirer un nombre maximal d'utilisateurs. Et ce nombre maximal d'utilisateurs accroît encore plus l'intérêt de ces normes selon un processus cumulatif d'auto-renforcement.

Il en va un peu de même lorsqu'un marché nouveau se constitue à l'instigation de quelques entrepreneurs ou de quelques commerçants. C'est leur réunion dans un même espace qui accroît pour les clients potentiels l'intérêt et la valeur de chaque commerçant. En effet, il y a une possibilité de comparaison et de choix plus grande, et la concurrence qui s'exerce ainsi garantit une meilleure qualité des produits.

Alors que les entreprises sont complémentaires lors de la création d'un marché, elles deviennent concurrentes dans l'attribution des parts de ce marché. Tout l'enjeu de l'Internet Society et du Web Consortium, est désormais de garantir le caractère ouvert, et non accaparé par telle ou telle entreprise, des normes de l'Internet du Web.

# Le Web, une ouverture sur « l'ailleurs », sur l'universel

Au sein d'un même site Web, les liens hypertexte introduisent, on l'a vu, un dépassement des limites d'un thème, d'un sujet, d'une discipline, d'un média, en proposant une échappée sur d'autres perspectives, d'autres sujets, d'autres disciplines, et sur d'autres supports médiatiques (graphique, bande son, images animées, vidéo, venant par exemple en appui d'un texte). Par leur nature même, les liens hypertexte sont donc porteurs d'ouverture sur d'autres sens, d'autres logiques, d'autres médias. Ils sont donc porteurs de décloisonnement : décloisonnement entre supports médiatiques, décloisonnement entre points de vue et disciplines (ils apportent la possibilité de confronter rapidement des points de vue et des disciplines différentes).

Cette vertu décloisonnante repose sur un principe de réciprocité et d'interdépendance. Un site Web est d'autant plus fréquenté qu'il renvoie à d'autres sites. L'exemple des sites « portail » est à cet égard tout à fait démonstratif. Les sites portail sont les sites Web les plus fréquentés et constituent une sorte de catalogue raisonné et commenté d'autres sites Web ; et c'est précisément parce qu'ils procurent un accès facile et structuré à d'autres sites Web qu'ils sont intensément fréquentés. Par ailleurs, les sites Web qui ne sont pas des sites portail sont d'autant plus attractifs qu'ils jouent le jeu du réseau, c'est-à-dire qu'ils savent s'insérer dans un tissu de relations dynamiques, en renvoyant à des partenaires, s'il s'agit d'un site commercial, à des problématiques, s'il s'agit d'un site à caractère intellectuel.

# Internet et le Web : une interconnexion généralisée, étendue au monde des objets

La grande majorité des systèmes connectés à Internet ne seront pas des ordinateurs. Les avancées technologiques sont en train de transformer les simples objets tels que les fours à micro-ondes, les magnétoscopes, les ordinateurs, les automobiles, les systèmes d'éclairage, les vêtements, en objets intelligents en leur donnant la capacité de percevoir leur environnement, de traiter de l'information, de prendre des décisions et d'agir, et de communiquer. L'intégration de puces électroniques, de minuscules et peu coûteux microprocesseurs, dans toutes sortes de dispositifs quotidiens est en train de rendre insoupçonnables les traitements informatiques qu'ils effectuent. De multiples réseaux d'organisations, d'hommes, d'agents intelligents, de robots, etc..., vont communiquer à travers Internet. Lorsque Internet reliera prochainement 1 milliard d'ordinateurs, déclare un Vice Président d'Intel, ce seront dix milliards de systèmes périphériques et d'objets divers qui seront alors connectés et qui établiront une continuité complète entre le monde réel, analogique, et le monde virtuel, numérique.

La technique de Sun, « Jini », fondée sur un logiciel de communication incorporé dans un minuscule microprocesseur promet un monde d'objets intelligents qui peuvent se détecter les uns les autres et travailler ensemble sans avoir besoin d'un logiciel spécialisé.

Au XXIe siècle, les environnements intelligents deviendront universels en raison de :
- Leur ubiquité : des agents (humain ou artificiel) seront capables de fournir des informations n'importe où, n'importe quand, et à n'importe qui et d'accéder pareillement à ces informations. Ils permettent ainsi à d'autres agents d'agir à distance.
- Leur très grande échelle : d'énormes quantités d'informations seront automatiquement collectées, stockées et traitées par un très grand nombre d'agents.
- Leur fonctionnement en réseau : l'information, l'accès à l'information, le traitement d'informations, les capacités de communication, seront répartis à travers le temps et l'espace et à travers des agents, des dispositifs physiques, des systèmes de communications.

# Internet et les ressorts de l'universalisation

## Premier ressort : la supériorité concurrentielle écrasante d'une technique ou d'un produit

À côté de progrès limités, réalisés par des incrémentations successives, surgissant de temps à autre et sans doute aujourd'hui plus qu'hier, des bouleversements technologiques, des produits et des services révolutionnaires, bref ce que les Américains appellent des « killer applications », c'est-à-dire littéralement des applications tueuses, des applications destructrices de l'ordre existant. Dans ce cas, la différence de performances en termes de productivité, de coût, de facilité d'emploi, de la nouvelle application par rapport aux dispositifs existants est telle que ces derniers se trouvent éliminés par un processus analogue à celui de la sélection naturelle. En outre, cette supériorité écrasante de la nouvelle innovation justifie son adoption par un nombre croissant d'utilisateurs. Et bien souvent, cette adhésion massive des utilisateurs à la nouvelle innovation génère des raisons supplémentaires d'adoption. On peut ainsi constater pour un certain nombre d'innovations, une phase d'incubation à la croissance relativement lente, et, ensuite, une fois la masse critique atteinte, une phase d'accélération exponentielle.

Ce phénomène peut ainsi être observé pour Internet et pour le Web. Au démarrage d'Internet, coexistaient plusieurs réseaux spécifiques tels que Compuserve, Bitnet, Prodigy, MSN (MicroSoft Network), en France, le réseau Télétel connectant les fameux Minitels, etc... Internet a triomphé parce qu'il était gratuit et ouvert, et parce que, à partir d'un certain moment, le nombre de ces utilisateurs l'a rendu irrésistible aussi bien pour des usagers que pour des fournisseurs de produits et de services. Pour le Web également, plusieurs systèmes d'utilisation d'Internet étaient disponibles (Gopher, Telnet, Wais, etc...) mais aucun n'avait les capacités multimédia, ni la facilité d'utilisation du Web. Plus le Web a été utilisé, plus il est devenu intéressant de l'utiliser, car il représentait, il représente, et il représentera un espace de marché de plus en plus important.

On peut donc considérer qu'un processus de sélection, analogue à la sélection naturelle analysée par Darwin, joue pour qu'un produit ou qu'un dispositif accède effectivement à un statut universel et qu'une fois une masse critique enclenchée, ce processus se trouve renforcé par ce que Joël de Rosnay a nommé « l'exclusion compétitive », c'est à dire par un verrouillage qui empêche d'autres produits de pouvoir se présenter avec succès sur le créneau disputé, au moins pour un moment.

## Deuxième ressort : la création d'une dynamique de généralisation à partir de l'intégration d'éléments différents dans un nouvel ensemble situé sur un plan supérieur

Nous ne sommes plus ici dans un processus d'élimination mais au contraire dans un processus de fédération, d'intégration. Ce processus d'intégration peut prendre diverses formes et s'appliquer à divers objets.

### En termes de personnes, d'organismes, d'institutions
Un premier cas de figure, par exemple, est celui de l'alliance avec d'autres acteurs. Il s'agit alors d'identifier des intérêts communs à ces autres acteurs et à soi-même. Souvent ces intérêts communs sont d'un ordre différent que les intérêts immédiats de chacun qui demeurent, eux, fréquemment conflictuels. La solution permettant de dépasser les inévitables conflits d'intérêt consiste donc à rechercher un champ d'action nouveau, pas forcément évident au départ, mais qui soit bénéfique à tout le monde.

Un phénomène bien connu, tant dans l'histoire politique que dans le monde de l'entreprise, notamment à l'issue d'une fusion-acquisition, est celui du vainqueur qui, à l'issue d'un conflit, réunit ces adversaires battus, et les fait dépasser leur défaite en les entraînant vers de nouvelles conquêtes à l'extérieur. Cette dynamique d'intégration ne passe pas obligatoirement par des stratégies guerrières mais aussi par la vision d'un défi à relever, défi qui doit être suffisamment exaltant pour dépasser les modes de fonctionnement habituels et motiver les hommes. Un exemple parlant à cet égard est celui de la Silicon Valley qui a su, tout en cultivant l'individualisme des personnes et des entreprises, faire émerger un sentiment supérieur d'appartenance régionale[84] et d'engagement résolu en faveur du progrès technologique[85].

En termes de mécanismes logiques

La remontée conceptuelle vers des niveaux de plus en plus abstraits possède des vertus généralisatrices remarquables. En élaborant une information sur de l'information, une connaissance sur de la connaissance, un mécanisme de régulation pour contrôler une boucle de régulation, un opérateur logique pour agir sur un opérateur logique[86], on construit ainsi un levier démultiplicateur extraordinairement puissant, qui permet de résoudre avec une économie d'effort le problème initialement posé. Par construction, en effet, le « Méta» englobe et traite des ob-

---

[84] « L'adhésion au réseau régional transcende la fidélité à l'entreprise ». « Beaucoup de gens viennent travailler le matin en pensant qu'ils travaillent pour la Silicon Valley. » Citations reproduites dans le livre d'AnnaLee Saxenian, « Regional Advantage, Culture and competition in Silicon Valley and Route 128 », Harvard University Press, 1994.

[85] « Les ingénieurs de la Silicon Valley ont développé un sentiment de loyauté plus fort à l'égard de leurs collègues et à l'égard de la cause que représentent les percées technologiques qu'à l'égard de l'entreprise qui les emploie ». AnnaLee Saxenian, Ouvrage cité.

[86] Cf. texte de Howard Rheingold sur la machine de Turing, disponible sur le Web.

jets, des domaines, qui dépassent largement la question première. C'est donc un facteur majeur de généralisation ; et comme les niveaux de « Méta » peuvent venir s'empiler à l'infini les uns sur les autres (un niveau Méta supérieur venant s'ajouter pour activer ou réguler un niveau « Méta » inférieur), la capacité du « Méta » à déboucher sur des processus d'universalisation est considérable.

Un exemple concret en est fourni par Internet et le Web. Les protocoles TCP/IP représentent déjà une couche logicielle supérieure permettant aux différentes machines d'entrer en connexion plus rapidement et plus facilement qu'avec des instructions de base. Le Web avec le langage HTML représente une couche logicielle additionnelle supérieure qui rend beaucoup plus aisée l'utilisation d'Internet et stimule donc sa généralisation. Les navigateurs (« browsers » Netscape et Internet Explorer) représentent eux aussi une addition logicielle décisive pour faciliter l'emploi du Web et systématiser sa diffusion. Enfin, les sites portails (Yahoo, Wanadoo,…) viennent ajouter encore une interface logicielle qui aide à son tour l'internaute dans sa recherche sur le Web, et du coup, contribuent à une utilisation encore plus intensive du Web.

A travers ce processus, on voit donc à l'œuvre une double logique d'universalisation :
- une universalisation conceptuelle dans la mesure où Internet représente un modèle de référence de portée universelle ;
- une universalisation fonctionnelle dans la mesure où son utilisation pratique se généralise.

# Chapitre VI

# Interpénétration

*« Sans symbiose, la vie sur la terre n'existerait pas »*[87].

L'histoire de l'humanité, c'est l'histoire de l'augmentation de ses capacités. Aujourd'hui, Internet et le Web permettent une démultiplication extraordinaire et sans précédent des capacités des individus et des organisations. Cet accroissement des capacités a pour résultat de permettre aux particuliers et aux entreprises d'étendre considérablement leur champ d'intervention dans des domaines ou dans des territoires où ils n'intervenaient pas jusqu'alors. Du coup on assiste à une diversification et à une extension du rôle et des fonctions de l'ensemble des intervenants, quelle que soit leur taille et leur puissance, dès lors qu'ils sont connectés à Internet. Les limites, les frontières, qui bornaient les champs d'activité traditionnels sont repoussés beaucoup plus loin, ou bien même, explosent carrément. On assiste à un développement de la multiplicité des rôles, de la multiplicité des appartenances.

Dès lors il est inévitable que des chevauchements se produisent. Autrefois un acteur (une entreprise ou bien un particulier) se trouvait en situation de maîtrise et de contrôle de son domaine ou de son territoire mais seul et sans aide. Aujourd'hui, et plus encore demain avec Inter-

---

[87] Joël de Rosnay, « L'homme symbiotique » ouvrage cité.

net et le Web, de nombreux partenaires viendront soit troubler son exclusivité, soit l'aider à développer ses propres activités. D'où des interpénétrations de plus en plus diverses et de plus en plus nombreuses.

 Le très ancien symbole chinois du Yin et du Yang représente bien cette logique de l'interpénétration, d'une part en distinguant clairement deux éléments, le Yin et le Yang associés dynamiquement et agissant en interdépendance, d'autre part en plaçant en même temps un point minoritaire, à la fois opposé et complémentaire, au sein de chacun des deux éléments. L'intérêt de ce symbole est de montrer que interpénétration ne signifie pas homogénéisation ni confusion. Contrairement à certaines formulations rapides, il n'y a pas un nouveau « paradigme du flou ». Le monde n'évolue pas vers un magma confus et indifférencié. Il se structure autour d'un enchevêtrement d'interactions aux effets difficilement prévisibles, comme le soulignent les spécialistes de la théorie du chaos, et gagne simplement en interdépendance, en complexité et en évolutivité.

# Internet et le Web, symboles de l'interpénétration

Aujourd'hui, Internet incarne parfaitement cette logique de l'interpénétration. Ce qui fonde Internet et le Web, c'est l'interpénétration des ordinateurs, l'interpénétration des sites Web. La mise en réseau fait exploser les autarcies juxtaposées constituées par les boites jusqu'alors complètement fermées des ordinateurs. Même s'ils prennent soin de garder leurs trésors les plus intimes dans un donjon se voulant inviolable et protégé par des codes d'accès faisant office de pont-levis, les ordinateurs ne sont plus aujourd'hui des forteresses isolées. Ils s'ouvrent les uns aux autres, dialoguent, échangent des messages, partagent des données, des informations, des ressources. Internet accélère et renforce considérablement le mouvement vers une informatique répartie, une informatique distribuée, qui s'était déjà fait jour auparavant.

Les logiciels ne résident pas seulement dans une machine, mais sont souvent mis en œuvre d'une manière coordonnée sur de nombreux ordinateurs à travers le réseau interne de l'entreprise ou, avec Internet, sur des serveurs externes. Désormais la puissance de traitement, la puissance de l'information, ne réside plus uniquement dans l'ordinateur, elle est disséminée, elle est répartie dans le réseau. Elle est sur Internet. Le réseau devient l'ordinateur et l'ordinateur devient le réseau.

Ce mouvement va s'accentuer avec la multiplication des dispositifs permettant à une même personne de se connecter à Internet. En effet, à partir du moment où l'internaute souhaite pouvoir faire tout ce qu'il veut, partout où il veut, à n'importe quel moment, il va utiliser pour ce faire des instruments multiples et différents : ordinateur portable, téléphone portable, assistant numérique, système Web TV, mais aussi lecteur de musique numérisé, dispositifs domotiques de gestion de la maison, etc...). Il est ainsi conduit à ne plus seulement confier ses données et ses instructions à son ordinateur de bureau personnel mais à les répartir entre tous ces dispositifs numériques reliés à Internet[88], (ce qu'on appelle l'informatique diffuse, le « pervasive computing »). Le référent, l'outil de base, devient ainsi non plus l'ordinateur de bureau mais Internet qui permet à tous ces outils personnels de s'interpénétrer entre eux et avec le monde extérieur. Internet tire sa puissance de sa capacité à faire les machines s'interpénétrer.

---

[88] .... éventuellement par le biais d'un serveur extérieur avec qui il pourra entrer à tout moment en contact et qui lui dispatchera ce dont il a besoin.

Il en va de même pour le Web avec les liens hypertexte. L'internaute qui étudie un sujet accède non pas à une machine unique, mais à des quantités d'ordinateurs et à une infinité de sites web. Derrière la continuité apparente de l'information, se cache en réalité sa dissémination et sa répartition entre des multiples sites et des multiples machines. Là encore, ce qui fait la puissance du Web et des liens hypertexte, c'est précisément leur capacité à assurer cette continuité sans faille à travers l'interpénétration de quantités de sites, chacun renvoyant à un autre qui lui même renvoie à un autre, et ainsi de suite, ad infinitum.

Enfin, Internet et le Web sont les symboles de l'interpénétration dans la mesure où chaque ordinateur, chaque site ne se limite pas à un seul rôle, à une seule appartenance, mais assume des rôles qui peuvent être à la fois complémentaires et opposés.
Sur Internet, chaque ordinateur joue techniquement un double rôle de récepteur et d'émetteur. Sur le Web, un même site est pris dans un réseau d'appartenances multiples et diverses dans la mesure où il peut être référencé selon des critères très variés et où il peut être interconnecté avec d'autres sites se situant eux-mêmes sur des registres très différents.

# Internet, facteur d'interpénétration

## L'interpénétration des médias : la convergence numérique

Aujourd'hui, Internet et la généralisation du numérique entraîne un décloisonnement de différents secteurs d'activité. Des secteurs jusque-là séparés par exemple la télévision, les télécommunications, l'informatique, le multimédia, tendent aujourd'hui à s'interpénétrer. En effet, toutes les informations - qu'il s'agisse d'ordres en bourse ou de données scientifiques ou commerciales — tous les signaux — qu'il s'agisse d'enregistrement et de transmission des spectacles, de vidéo-surveillance, ou de communications téléphoniques, finissent par se fondre dans un creuset commun celui de leur transformation et de leur réduction en bits. Cette « convergence numérique » génère ainsi un seul et unique cadre de référence. Internet participe à ce mouvement et est un facteur particulièrement actif de cette convergence. Celle-ci se traduit dans la réalité économique par des alliances et des concurrences imprévues et continuelles entre les grands opérateurs de télécoms, de l'informatique, du multimédia, etc...[89].

# Internet et l'interpénétration des entreprises

## Interpénétration interne et interpénétration externe : Intranet et Extranet

Internet et le Web contribuent à l'interpénétration croissante des différents départements et services au sein d'une même entreprise (Intranets) et plus spectaculairement à l'interpénétration croissante des entreprises entre elles (Extranets et sites Internet).

Le passage d'une société industrielle taylorienne et cloisonnée à une économie de l'information et de la connaissances se traduit pour une entreprise par l'évolution -que nous avons déjà rencontrée- vers une organisation polycellulaire, en réseau, où la circulation de l'information et où la capacité d'apporter une réponse rapide et pertinente aux demandes du client demande de dépasser les clivages fonctionnels traditionnels. Des systèmes de messagerie

---

[89] C'est ainsi que par exemple Microsoft s'allie à l'opérateur de télécommunication AT&T qui lui-même acquiert une compagnie de télévision par câble, Media One.

électronique interne et des outils logiciels de travail en commun à distance (groupware) avaient déjà été mis en place avant Internet. Mais l'arrivée d'Internet et du Web joue un rôle accélérateur et facilitateur en procurant des normes de communication universelles permettant de faire dialoguer l'ensemble des ordinateurs, souvent différents, de l'entreprise. D'où l'appellation d'Intranet pour ces systèmes internes protégés des intrusions externes mais fonctionnant avec les protocoles universels d'Internet et du Web.

Une logique analogue joue pour les entreprises qui entretiennent déjà des relations privilégiées entre elles et qui développent ces relations grâce à des systèmes Internet et Web enrichis de protections additionnelles contre des intrusions intempestives de non - membres du réseau, c'est à dire des « Extranets ». Là encore des systèmes antérieurs à Internet et au Web avaient été mis en place sous la forme de systèmes « propriétaires » appelés EDI (Echanges de Données Informatiques). Mais ces systèmes, lourds et coûteux, ont été rapidement concurrencés par la gratuité et l'universalité des protocoles d'Internet et du Web et cèdent aujourd'hui du terrain face aux Extranets qui ne sont plus réservés aux grandes entreprises mais deviennent tout à fait abordables pour des PME.

Aujourd'hui Internet et le Web apportent une véritable révolution dans les relations interentreprises. Trois domaines permettent d'en observer l'ampleur : celui de la conception et de l'ingénierie en réseau, celui de la chaîne d'approvisionnement et de distribution, celui de la nouvelle relation producteur/consommateur.


## La conception et l'ingénierie en réseau

Les exigences d'une économie fondée sur la réduction systématique des délais de mise sur le marché font que beaucoup d'entreprises sont d'ores et déjà passées du système linéaire et séquentiel : projet > études techniques et de marché > fabrication > marketing et promotion > mise sur le marché à un système parallèle où les différentes tâches sont abordées simultanément et en faisant jouer au maximum leurs interrelations. De ce point de vue, l'informatique et Internet apportent un concours absolument décisif et irremplaçable :

L'informatique, en permettant d'effectuer des simulations, d'une manière toujours plus approfondie, toujours plus rapide, toujours plus conviviale et révélatrice, grâce à des puissances de traitement continûment accrues. Ces simulations permettant de tester très vite de nombreuses alternatives et de raccourcir ainsi le processus de conception.

Internet, parce que la complexité du produit ou du service à mettre au point implique le recours à de nombreuses disciplines, à de multiples compétences et que la coordination de ces compétences ne peut s'effectuer d'une manière efficace qu'à travers un réseau où l'information et les interactions indispensables circulent en temps réel et directement entre de nombreux acteurs, sans attendre un processus séquentiel classique. Ce que Renault réalise dans son « Technocentre » de Guyancourt en Ile de France où les équipes de conception des nouvelles voitures et les équipes chargées de la mise au point du processus technique et économique de production travaillent côte à côte en étroite interrelation et avec la participation de partenaires sous-traitants, Internet permet de le faire avec des systèmes de visioconférences et des outils logiciels de travail en commun. Internet ne peut naturellement pas se substituer complètement à l'irremplaçable contact face à face, mais il permet en revanche d'établir ce contact 24 heures sur 24 heures et d'un bout à l'autre de la planète.

## La chaîne d'approvisionnement et de distribution

Une des dimensions fortes de l'écosystème économique dans lequel baigne toute entreprise, est celle constituée par la chaîne qui relie l'entreprise à ses fournisseurs en amont et à ses distributeurs en aval. Grâce à Internet et au Web les entreprises membres de la chaîne peuvent établir des relations extrêmement étroites parce que rapides, peu coûteuses, et surtout capables de venir s'insérer très profondément dans leurs processus de fonctionnement interne. Ceci est rendu possible par l'avantage énorme que les enregistrements et les échanges électroniques (EDI, transferts de fonds électroniques, transmission et enregistrement direct des codes barres, etc...) ont sur les échanges traditionnels de papier. Les systèmes de bases de données permettent par exemple aux codes numériques des produits et des articles d'être directement accumulés, stockés, triés, et expédiés informatiquement. Du coup les échanges de données peuvent s'effectuer en temps réel, ils sont beaucoup moins coûteux à transmettre et à traiter. Ils comportent une moindre fréquence d'erreurs en raison de la suppression des risques liées à de multiples saisies manuelles des mêmes données, etc... . De nombreuses entreprises n'exigent plus ainsi de formulaires papier pour les commandes, les factures... .

D'autre part, les progrès des télécoms et d'Internet permettent des communications en temps réel à travers l'ensemble de la chaîne d'approvisionnement et de distribution, reliant ainsi les fournisseurs, les fabricants, les distributeurs, les détaillants et finalement les consommateurs quel que soit leur localisation.

Cette fluidification des échanges développée par les Extranets a des conséquences très importantes parce qu'elle resserrent les liens et les interactions des entreprises dont les fonctionnements s'interpénètrent de plus en plus.

Les entreprises découvrent donc aujourd'hui qu'il ne suffit plus de manager leur propre organisation, mais qu'il est nécessaire de s'impliquer dans le management du réseau constitué par les entreprises situées en amont dans leur chaîne d'approvisionnement et par les entreprises situées en aval dans leur chaîne de distribution allant jusqu'au consommateur final.

## Internet et les nouvelles frontières des entreprises : « de l'entreprise citadelle » à « l'entreprise archipel »

Du coup, les frontières de l'entreprise, autrefois si claires lorsque celle-ci était gérée d'une manière centralisée et pyramidale deviennent désormais plus complexes et plus mouvantes lorsqu'elle fonctionne en réseau, qu'elle reconfigure en permanence ses structures et qu'elle multiplie en son sein l'apport de compétences extérieures : du « coaching » de ses dirigeants à la prolifération des consultants et des experts au sein de groupes de travail spécialisés. Où commence et où s'arrête l'entreprise lorsqu'elle recourt massivement à du personnel temporaire, à des cadres indépendants pour des missions ponctuelles, ou bien lorsque comme IBM, elle transforme ses cadres en « télétravailleurs » qui travaillent chez eux, chez les clients, ou en déplacement et ne viennent plus que quelques heures par semaine au bureau (que d'ailleurs ils se partagent) ? Où commence et où s'arrête l'entreprise lorsqu'elle développe des relations si étroites avec ses sous-traitants qu'elle les forme soigneusement et que ses succès dépendent largement de la qualité de cette formation et de cette intimité partenariale ? Où commence et où s'arrête l'entreprise lorsqu'elle génère en interne la mise en place de cellules largement autonomes, de centres de profit indépendants, lorsqu'elle filialise nombre de ses activités ? Où commence et où s'arrête l'entreprise lorsqu'elle suscite une relation si proche avec ses clients qu'elle travaille conjointement avec eux pour définir le cahier des charges du produit ou du service qu'elle va leur vendre et en suivre aussi conjointement l'élaboration et la fabrication ? Où commence et où s'arrête l'entreprise lorsqu'elle multiplie les joint-ventures, les alliances stratégiques d'un bout à l'autre de la planète ? Dans l'entreprise polycellulaire d'aujourd'hui, les frontières internes et externes évoluent sans cesse, elle deviennent de plus en plus nombreuses mais aussi de plus en plus poreuses, de moins en moins stables et matérialisables, de moins en moins immédiatement visibles.

Et Internet et le Web jouent un rôle essentiel dans cette mutation de la nature même de l'entreprise, dans ce passage de « l'entreprise citadelle » à « l'entreprise archipel » en connectant par delà les mers et par delà ses frontières traditionnelles, les îlots de compétences, de ressources, de niches de marché, etc.

## La nouvelle relation producteur / clients, vers le « pro-somateur »

Le futurologue Alvin Toffler a déjà forgé ce néologisme il y a plus de 30 ans et pointé la tendance à une collaboration étroite entre producteur et consommateur dans la conception et dans la production des produits et des services. Mais l'accroissement du pouvoir des consommateurs et l'arrivée d'Internet et du Web ont renforcé très fortement cette nouvelle donne. La clef de voûte de l'entreprise est devenue encore plus aujourd'hui le client, qu'il soit un particulier ou bien une autre entreprise. C'est sur la satisfaction du client que repose la réussite de l'entreprise. Connaître les exigences du client c'est donc la tâche primordiale. On a vu avec la personnalisation, qu'Internet et le Web permettent précisément à une entreprise de récolter une quantité considérable de données sur les profils de ses clients. Mais l'établissement de ces profils auquel le client participe plus ou moins activement et plus ou moins volontairement ne constitue que le tout premier degré d'une dynamique beaucoup plus conséquente.

Les sites web bien conçus donnent à l'entreprise, pour un coût très faible, la possibilité d'un dialogue approfondi avec de nombreux clients sur les caractéristiques de ses produits et services, dialogue débouchant souvent sur des suggestions concrètes apportées par les clients et qui permettent dans de nombreux cas d'améliorer le produit ou le service.

L'industrie du logiciel fournit un exemple particulièrement fort de cet apport du client à la mise au point du produit. C'est ainsi qu'un nombre considérable de logiciels font l'objet de tests à grande échelle à travers des versions « bêta » distribuées à un très large panel de clients afin de découvrir les bogues et d'assurer la qualité du produit final.

Dans des domaines où le producteur a à faire à des entreprises clientes peu nombreuses, une relation de coopération étroite tend à s'établir pour définir en commun les spécifications du produit ou du service. Là aussi Internet joue un rôle clef en facilitant des échanges rapides et économiques entre les nombreux intervenants qu'implique souvent ce travail en commun dès qu'il s'agit de quelque chose de complexe.

## Interpénétration et coopération : Alliances et réseaux

Au delà même des relations de l'entreprise avec ses fournisseurs, ses distributeurs, et ses clients, des interactions se développent entre l'entreprise et un nombre croissant d'homologues à la fois partenaires et concurrents. On assiste donc à une montée en puissance d'alliances plus ou moins stables conduisant à la création de réseaux d'entreprises.

Ceci parce que :
- La difficulté pour une seule et même entreprise de garder la maîtrise des compétences et une forte capacité d'innovation dans toutes les développements technologiques qui concernent ses produits en raison de la multiplication et de l'accélération des progrès technologiques.
- L'élévation du niveau d'investissement requis (pour accomplir des percées technologiques ou pour mener à bien des productions très complexes comme un système d'armement ou la mise au point d'un nouveau lanceur spatial) est telle qu'aucune entreprise ne peut à elle seule courir les risques financiers que cela implique.

Ces facteurs expliquent que dans les secteurs d'activité concernés par un changement scientifique et technologique rapide, les relations de coopération se soient développées très rapidement sous forme de réseaux, de partenariat, de consortium, de réseaux plus ou moins formalisés.

Ces coopérations apparaissent comme particulièrement efficaces et donnent un avantage concurrentiel à ceux qui les pratiquent. Il semble bien en effet que les formes de structures organisationnelles particulièrement performantes soient précisément les réseaux fonctionnant sur le mode de la « coopération compétitive ». Ceci parce que la capacité d'innovation de l'ensemble d'un réseau est supérieur à la somme de ses membres.

Les réseaux peuvent couvrir un champ d'observation particulièrement vaste, réunir une plus grande gamme de compétences pour interpréter les changements dans l'environnement et proposer des réponses adéquates. L'apprentissage au sein d'un réseau est également d'une plus haute qualité parce qu'il est nourri par des discussions et des débats entre personnes et organisations dont les cultures diffèrent et ceci est en soi un facteur d'innovation. Les milieux innovants sont caractérisés par la facilité avec laquelle les flux d'idées, de technologies, et de personnes traversent les frontières institutionnelles[90].

Réciproquement, la coopération renforce naturellement l'interaction et l'interpénétration. En effet, la pratique de la coopération crée progressivement de la confiance, et la confiance est la « colle sociale » qui permet de réduire les coûts de transaction, les coûts de coordination, les coûts de coopération en fluidifiant celle-ci.

Ce qui constitue la « colle sociale » qui relie et solidarise les membres du réseau, plus que les accords formels contractés, plus que les technologies de mise en réseau (Extranet...), c'est la confiance.

Les études menées sur la manière dont les entreprises ont mis en œuvre les échanges électroniques de données (EDI) et des Extranets témoignent que les entreprises qui ont bien réussi leur mise en réseau sont celles qui ont effectivement coopéré pour partager des objectifs et des ressources. En outre, il apparaît que les entreprises qui coopèrent et communiquent bien en interne (avec des équipes transversales et un fonctionnement largement décentralisé) sont précisément celles qui collaborent le mieux avec les autres organisations. Une culture de réseau à l'intérieur de l'organisation facilite la création de réseaux à l'extérieur.

En retour, Internet et les outils de travail en commun à distance en temps réel, comme la visioconférence ou Net Meeting, contribuent ainsi à faciliter et à intensifier les échanges en réduisant leurs coûts et en permettant ainsi le maintien d'un courant permanent de contacts dans l'intervalle de temps séparant les rencontres face à face.

---

[90] Selon des auteurs comme Michael Porter et Robert Atkinson, ce travail coopératif en réseau a produit des résultats très positifs et a contribué au renouveau de l'économie américaine. Ils estiment que ce mouvement d'alliances est un des facteurs important de l'avantage concurrentiel que les États-Unis ont pris par rapport à l'Europe et au Japon ces dernières années.

# Interpénétration et multi-appartenance

Nous entrons à présent dans une ère de multi-appartenance : la présence conjointe du drapeau national et du drapeau européen dans nombre de manifestations officielles témoigne bien de la possibilité d'une double appartenance à la nation et à un ensemble plus vaste. D'un autre côté, le rôle et la présence accrue des régions, la persistance des structures communales et départementales multiplient les échelles d'appartenances territoriales. Au sein des grandes agglomérations, les habitants concentrent de moins en moins le déroulement de leurs activités sur une même commune. Ils gèrent leurs connexions entre des espaces distincts qui ne coïncident pas les uns avec les autres : des territoires lieux de travail, souvent différents pour l'homme et pour la femme, des territoires de loisirs, des territoires d'études pour leurs enfants, des territoires de résidence. Ils fonctionnent donc de moins en moins selon un schéma de mono-appartenance à une même commune. A une échelle plus vaste, la mondialisation avec les mouvements de population qui l'accompagnent accroît le nombre de situations de multi-appartenances culturelles. Enfin, la mobilité et la fluidité de ces appartenances vont croissantes et concerne les catégories de population les plus variées[91].

La multi-appartenance est donc une autre facette de la société de réseaux et un corollaire de la multiplication de ceux-ci. Dès lors toute organisation, toute personne, engagée dans plusieurs réseaux se trouve d'une certaine manière à l'intersection de ceux-ci et en situation d'être un agent d'interpénétration entre ces différents réseaux.

---

[91] Un article du « Monde » de novembre 1997, évoquant l'évolution de l'Eglise catholique, parlait de la mort de la « civilisation paroissiale » et ajoutait : « on va à la messe ou on se marie en dehors de sa paroisse d'origine. On ne consulte plus « son curé », mais « son jésuite » ou « son dominicain ».

Ce rôle d'agent d'interpénétration, on le retrouve également avec les arbitrages, les connexions, les coordina-
tions, la fertilisation croisée que font les individus entre
les différents registres de leur existence.

**L'interpénétration des différents registres de la vie,
facilitée par Internet
et les nouvelles technologies de communication numérique**

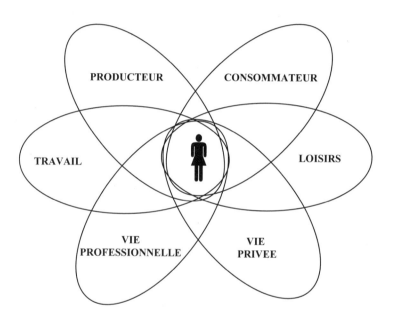

Or, comme on l'avait entrevu dans le chapitre sur la personnalisation, les nouvelles technologies, Internet, le téléphone portable, l'ordinateur portable, encouragent la porosité et l'interpénétration des frontières entre le domicile,
le transit et le travail, entre les espaces et le temps publics
(vie professionnelle, travail,...) et les espaces et le temps
privés ( vie familiale, loisirs,...) entre les différents statuts
d'un même individu (producteur, consommateur...). Les
évolutions technologiques prévisibles et déjà en cours ne
feront que renforcer cette tendance.

# Internet et la révolution numérique, facteurs de l'interpénétration du naturel et de l'artificiel

## L'interpénétration du naturel et de l'artificiel

Ce qui est engendré par la nature et ce qui est fabriqué par l'homme apparaissaient comme deux domaines totalement différents. Or ces deux domaines sont en train de s'interpénétrer, de fusionner. On observe en effet une tendance croissante à introduire de la technologie au cœur des mécanismes de la vie (biotechnologie, génie génétique, etc...) et réciproquement (et d'une manière peut être moins évidente) à introduire des mécanismes de type biologique dans le fonctionnement de nos machines.
En bref, **nous « technologisons » la biologie**, notamment grâce à l'informatique et à sa capacité de traitement d'un nombre immense de données (cf. séquençage du génome) et à sa capacité de simulation (création informatique de molécules chimiques ayant des propriétés pharmaceutiques) et d'autre part **nous « biologisons » la technologie** (y compris Internet et le Web) en adoptant de plus en plus pour celle-ci les principes du vivant.
Comme le souligne Kevin Kelly, nous avons d'abord commencé par exploiter les produits de la nature tels quels, puis nous avons utilisé les ressources naturelles pour fabriquer des matériaux de synthèse, et, maintenant, nous empruntons à la nature sa logique, ses modes de fonctionnement.
Nous devenons de plus en plus inspirés par la logique du vivant, nous devenons « bio-logiques ».

Le phénomène le plus remarquable et le plus fascinant, est que les principes du vivant peuvent s'appliquer avec succès à des systèmes, à des entités qui ne sont pas à proprement parler ni des êtres humains, ni des animaux, ni des plantes, mais des molécules chimiques de base ou bien à des systèmes artificiels comme des robots ou des programmes informatiques, ou Internet et le Web.

**Dès lors se pose la question de la nature même de la vie.**
A la question qu'est ce que la vie, Steven Levy répond « la substance de la vie n'est pas une substance. La vie est un processus physique dynamique, et si vous pouvez dupliquer ce processus, si vous pouvez le rendre capable d'animer un matériau jusque là inanimé vous avez créé de la vie. Ceci peut être accompli quels que soient les matériaux. Ceci pourrait être même réalisé sur un ordinateur. »

A quoi fait écho Chris Langton, spécialiste de la vie artificielle, en déclarant : « Le but ultime de l'étude de la vie artificielle est de créer de la vie dans différents supports, idéalement dans un support où l'essence de la vie a été dégagée des détails de sa mise en œuvre dans tel ou tel support. Nous souhaitons bâtir des modélisations si proches de la vie qu'elles cesseraient d'être des modélisations pour devenir des exemples mêmes de types de vie. »

Faut il rappeler qu'aux origines de la vie sur terre se trouve un processus d'évolution chimique, de combinaison progressive de molécules de base (eau, gaz carbonique, etc...) conduisant à des molécules plus complexes (acides aminés, etc....) qui se sont elles-mêmes associées et auto-organisées pour former des structures encore plus complexes débouchant sur des réactions d'auto-renforcement, d'auto-catalyse, accélérant les étapes de leur propre assemblage, et donnant naissance aux premières formes de vie telles que les bactéries ? Or, ce qui est frappant dans cette épopée, c'est que les principes du vivant (auto-organisation, fonctionnement en réseau, processus cumulatif de croissance et émergence de niveaux d'organisation supérieure) semblent s'appliquer également aux processus chimiques précédant l'émergence de la vie proprement biologique.

# Internet et la révolution numérique s'inspirent des principes du vivant et contribuent à les diffuser

Les règles fondamentales du vivant peuvent être résumées à travers quatre grands principes :
- Capacité d'auto-organisation et d'auto-régulation ;
- Interaction de sous-unités autonomes fonctionnant en réseau ;
- Processus cumulatifs de croissance ;
- Émergence de niveaux d'organisation supérieurs.

### Capacité d'auto-organisation et d'auto-régulation

Si Internet et le Web ne relèvent pas de la génération spontanée mais bien d'une création humaine, leur fonctionnement repose complètement en revanche sur une capacité **d'auto-organisation et d'auto-régulation**. Ce sont les routeurs, dotés d'intelligence artificielle par les logiciels qui les animent, qui organisent spontanément la circulation des messages et des données sur Internet sans aucune intervention humaine. Et cette organisation repose :
- d'une part sur la capacité des logiciels à se modéliser eux-mêmes, à raisonner sur leur propre comportement, à pouvoir le modifier, à contrôler leur propre action, et à pouvoir s'auto-répliquer ;
- d'autre part, sur une capacité d'interaction spontanée entre les éléments du système, capacité que l'on re-

trouve dans de nombreux cas allant des interactions entre fourmis au sein d'une fourmilière, aux interactions au sein de réseaux de neurones artificiels inspirés du fonctionnement du cerveau humain, aux interactions entre éléments constitutifs de robots.

## Interaction de sous-unités autonomes fonctionnant en réseau

A cet égard, Internet et du Web illustrent parfaitement le deuxième principe du vivant, celui **de l'interaction de sous-unités autonomes,** chacune ayant un degré d'intelligence très réduit, mais **fonctionnant en réseau** et par là même capables de faire émerger des comportements intelligents. Quand nous nous interrogeons sur un phénomène nouveau qui semble émerger à partir de rien, nous découvrons le plus souvent qu'il provient de la réunion d'unités de base qui se sont constituées en système sans contrôle centralisé, et qui, par leur interaction, ont acquis des capacités d'action supérieures. L'étude des systèmes vivants, l'élaboration de modèles informatiques de vie artificielle, la construction d'agents logiciels intelligents ainsi que la fabrication de robots capables d'actions complexes convergent pour identifier plus précisément les caractéristiques communes à ces « systèmes adaptatifs complexes » :

- Des comportements complexes et sophistiqués peuvent émerger de la mise en relation de nombreuses unités élémentaires identiques. C'est ainsi que des comportements de fourmis à la recherche de nourriture, d'oiseaux volant en groupes et devant affronter des obstacles, etc... ont pu être simulés informatiquement d'une manière convaincante à partir de l'élaboration de « règles du jeu » relativement simples définissant les relations entre des unités logicielles représentant ces fourmis et ces oiseaux[92] . Pour obtenir certains résultats, il est donc intéressant de constituer un « essaim », un réseau d'unités élémentaires, doté d'un minimum de règles d'interactions décentralisées plutôt que de construire un seul dispositif très compliqué et centralement gouverné.

- Si un minimum d'interconnexions est nécessaire pour relier les unités élémentaires entre elles, il n'est pas nécessaire d'instaurer des communications internes au réseau trop nombreuses et trop intenses. En réalité, il semble souvent plus intéressant de faire passer des signaux par l'environnement extérieur. Ce qu'il y a de commun entre les fourmis et le marché, c'est un pilotage rétro-actif par les résultats tels qu'ils s'inscrivent dans l'environnement extérieur : C'est en fonction du niveau général des prix, qui résulte de la confrontation de l'ensemble des offres et des demandes que chaque acheteur et chaque vendeur ajustent leur comportement. C'est en fonction de la densité de phéromones (substances odorantes) qu'elles sécrètent et déposent sur leur passage que les fourmis s'orientent.

- L'interaction entre les unités élémentaires n'implique pas forcément une pensée réfléchie. Il existe de nombreuses situations dans lesquelles il n'y a pas suffisamment d'informations disponibles pour prendre une décision en toute connaissance de cause (rationalité limitée) ou bien dans lesquelles il n'est pas possible de déterminer logiquement ce qui doit être accompli, et pourtant il faut réagir. Comme le souligne Russell dans son livre sur l'intelligence artificielle, une action est parfois plus pertinente lorsqu'elle est conduite de manière réflexe et rapide (par exemple retirer sa main

---

[92] Cf. Chris Langton « Boids & Vants ». Un compte rendu intéressant de ces expériences est fait par J. De Rosnay dans « l'Homme Symbiotique ».

d'un objet brûlant) que lorsqu'elle implique une réflexion logique plus lente prenant en compte toutes les dimensions du problème. Les concepteurs de robots (mécaniques ou logiciels) cherchent donc à développer chez leurs robots les réflexes plutôt que la pensée en reliant étroitement leurs capteurs, leurs senseurs, à leurs moyens d'action ou de déplacement. Ils cherchent à développer des modules chargés d'accomplir des tâches réellement basiques, à leur apprendre à effectuer ces tâches sans erreur. C'est seulement ensuite qu'ils s'attachent à faire émerger de leurs interactions des capacités plus grandes en établissant des règles déterminant l'ordre hiérarchique des comportements à adopter lorsque des conflits de priorité se présentent. Ceci de la même manière que les animaux privilégient par exemple des comportements de survie immédiate (fuite, protection, attaque, etc..) par rapport à des comportements de recherche de la nourriture.

Cette démarche des concepteurs de robots et de logiciels consistant à commencer par faire des choses simples et ensuite à « faire pousser » la complexité en organisant les règles du jeu de l'interaction entre modules renvoie au **troisième grand principe du vivant**, celui de sa capacité à générer **des processus cumulatifs de croissance.**


## Processus cumulatifs de croissance

« Croissez et multipliez » ; cette parole biblique peut être le slogan fondamental du vivant qui se caractérise par sa capacité d'auto-reproduction et de multiplication de l'espèce au fil du temps en profitant de toutes les opportunités générées par l'environnement extérieur.

Le miracle de la multiplication des octets

Or, à cet égard, Internet, le Web et plus généralement la révolution numérique, traduisent un paradoxe étonnant et remarquable : la dématérialisation qu'ils suscitent, loin de freiner la multiplication d'un élément, la stimule et la facilite à un degré considérable. Une information (un texte, un document, un rapport, un livre), un signal (de la musique, de la voix, de la vidéo), s'ils peuvent coûter cher à produire, ne coûtent presque rien à reproduire et à diffuser dès lors qu'ils sont numérisés. On a coutume de résumer ce paradoxe en disant que la première unité d'un produit numérisé peut coûter mille francs ou un million de francs mais que les unités suivantes ne coûtent que quelques centimes[93]. On entre ainsi dans une économie au terme de laquelle plus un produit ou un service est dématérialisé, moins il coûte cher à diffuser, et plus il peut être multiplié en grand nombre. C'est le miracle de la multiplication des octets.

Le miracle des rendements croissants

Internet et le Web sont à l'origine d'un autre « miracle » encore, celui des rendements croissants. C'est à dire celui généré par l'effet réseau et qui a été explicité par Robert Metcalfe qui a formulé la loi selon laquelle la valeur d'un réseau croît beaucoup plus que proportionnellement au nombre de ses utilisateurs. En effet l'intérêt d'un réseau comme Internet est de permettre de communiquer individuellement avec un très grand nombre de gens. Quand le réseau n'est pas très développé sa valeur demeure relativement faible parce qu'il ne permet de communiquer qu'avec un petit nombre de personnes. Mais au fur et à mesure qu'il grandit sa valeur croît beaucoup plus fortement parce qu'il permet à chacun de toucher un nombre de personnes de plus en plus important. Plus le réseau est

---

[93] Ce qui ne veut pas dire qu'elles ne soient vendues que quelques centimes parce qu'il s'agit précisément pour l'auteur de répartir le coût très élevé de la première unité sur l'ensembles des unités diffusées.

utilisé, plus il attire de monde, et plus il attire de monde, plus il est attractif. Il se produit donc ainsi un cercle vertueux, un processus d'auto-renforcement cumulatif que l'on retrouve fréquemment dans les mécanismes du vivant. En outre, il faut souligner que la valeur d'Internet et du Web a cru et croît non seulement en raison du nombre de personnes connectées, mais aussi en raison de l'extension de leurs fonctionnalités multimédia, commerciales et transactionnelles.

## Émergence de niveaux d'organisation supérieurs

Le quatrième principe du vivant est celui de l'émergence, au fil de l'évolution, de niveaux d'organisation supérieurs, plus complexes.

*L'évolution*
En assemblant des modules élémentaires, la nature construit, au fil de l'évolution, des entités qui représentent beaucoup plus que la somme de leurs composants. Ce qui est un système réunissant des particules élémentaires devient le module de base d'un système de niveau supérieur et ainsi de suite ad infinitum. Cette logique de l'évolution s'applique à l'histoire de l'univers, de la terre, de la vie, de l'homme. Comme le dit Hubert Reeves : « J'aime comparer la soupe primitive de l'univers aux potages de mon enfance composés de pâtes en forme des lettres de l'alphabet avec lesquelles nous nous amusions à écrire nos noms ; Dans l'univers, ces lettres, c'est à dire, les particules élémentaires, vont s'assembler en mots, les mots s'associeront à leur tour pour former des phrases qui s'agenceront elles aussi plus tard en paragraphes, en chapitres, en livres... A chaque niveau, les éléments se regroupent pour former de nouvelles structures à un niveau supérieur. Et chacune d'elle possède des propriétés que n'ont pas individuellement ses éléments. On parle de

« propriétés émergentes ». Les quarks s'assemblent en protons et neutrons. Plus tard, ceux-ci s'associeront en atomes, qui formeront des molécules simples, qui composeront des molécules plus complexes qui... C'est la pyramide des alphabets de la nature.

... La vie résulte de cette longue évolution de la matière, qui, depuis les premiers assemblages du Big Bang, se poursuit, sur Terre, avec les molécules primitives, les premières cellules, les végétaux, les animaux. Ce cheminement du vivant, qui a duré des centaines de millions d'années, est donc bien une étape de la même histoire, celle de la complexité. Après la naissance de la Terre, les molécules vont s'organiser en macromolécules, celles-ci en cellules, les cellules en organismes. La vie résulte de l'interaction et de l'interdépendance de ces nouveaux constituants». « Nous sommes vraiment les enfants des étoiles[94]. »


*Mécanismes de l'évolution biologique : la mort, les mutations et le sexe*

Ce processus de complexification a pour contrepartie un processus de sélection impitoyable. La sélection naturelle procède par élimination : les espèces et les individus qui ne sont plus adaptés aux conditions de leur environnement, ou qui le sont moins que d'autres, disparaissent au profit de ceux qui ont été plus performants et plus compétitifs. Les mutations dues au hasard des circonstances et des événements génèrent une foisonnante diversité à partir de laquelle la sélection s'opère en dégageant des formes plus performantes et plus complexes. La constitution de générations à travers les deux mécanismes que sont le sexe et la mort permet de brasser les gênes et d'accroître la diversité à un rythme régulier et constamment renou-

---

[94] La plus belle histoire du monde, les secrets de nos origines, Reeves, De Rosnay, Copens, Simonet, Edition du Seuil 1996.

velé. En donnant naissance à de nouveaux individus dont les caractéristiques résultent du mélange aléatoire de celles de leurs parents, le sexe multiplie les pistes et ouvre des possibilités nouvelles. Avec la mort des individus, c'est une génération qui cède la place à une autre et qui permet ainsi l'épanouissement de nouvelles opportunités.

*La révolution numérique et l'évolution :*
*les algorithmes génétiques*
Joël De Rosnay a fait une excellente description de ces programmes informatiques :
« Ces mécanismes de l'évolution que l'on pouvait penser réservés au vivant, ou à tout le moins à l'univers physique, ont pu également être mis en œuvre au sein de systèmes informatiques. Dans un milieu numérisé artificiel, des processus de sélection ont pu être pratiqués à travers la constitution de générations successives régies par des mécanismes de mutations aléatoires, de « reproduction sexuée » et d'élimination. Les algorithmes génétiques consistent à laisser évoluer spontanément des populations de programmes informatiques en compétition pour trouver la solution la mieux adaptée à un problème donné. Cette forme de programmation connaît aujourd'hui de multiples applications dans des secteurs de recherche et d'applications industrielles très divers, allant de l'aéronautique à l'environnement et de la micro-électronique à la haute finance. L'évolution numérique repose sur des séquences de programmes (des codes, assimilables à des chaînes d'ADN) susceptibles de former des branchements et de se greffer les uns sur les autres. Comme des virus informatiques (et l'ADN), ces séquences peuvent se dupliquer, se découper, se recombiner. Il se crée une première génération de séquences testées pour leur capacité (encore faible) à résoudre le problème posé. Le programme isole les formes les plus performantes, les fait se reproduire (copies automatiques) et muter par recombinaison de sé-

quences entre elles. Il en résulte une deuxième génération de programmes. Le même processus lui est appliqué : test, sélection, reproduction, mutation. Après des milliers de générations et à la vitesse de l'informatique, les séquences les plus performantes sont ainsi renforcées, génération après génération: les nouvelles « espèces » de programmes convergent vers la résolution du problème posé. C'est la sélection du plus apte par compétition entre populations, une évolution darwinienne au pays des bits et des codes informatiques ! »

➢ *Les algorithmes génétiques sont donc témoins de l'émergence de systèmes plus performants et plus complexes dans un milieu numérisé artificiel.*

# Interpénétration de l'homme et de ses créations

## L'évolution de l'homme

Depuis la Préhistoire, l'homme artificialise son évolution par les outils qu'il a créé et qui étendent d'une manière fantastique le champ de ses capacités physiques et sa sphère d'action sous les eaux, dans les airs, dans l'espace ; et par les connaissances qu'il a acquises, stockées et transmises et qui lui permettent de mieux en mieux comprendre l'univers qui l'entoure et contrôler son environnement immédiat. La technologie représente précisément l'application des connaissances capitalisées au fil des générations à la fabrication d'instruments et d'outils. C'est en quelque sorte le résultat de l'interaction entre connaissance et outils, une synthèse de ces deux éléments. Et en effet, si les connaissances ont permis de développer des technologies de plus en plus sophistiquées et de plus en plus performantes, la technologie, en retour, a permis d'améliorer sans cesse les moyens d'accumulation, d'assimilation, et de transmission des connaissances (depuis l'écriture jusqu'aux systèmes experts et au Web)[95]. Cette dialectique entre l'homme et ses créations touche la technologie mais va également bien au delà, car à travers cette technologie, il se modifie lui même d'une manière décisive : physiquement par des interventions sur son propre corps ; mentalement par l'augmentation de ses capacités intellectuelles.

❏ Physiquement, comme l'indique Pierre Lévy « nous inventons aujourd'hui cent moyens de nous construire, de nous remodeler : diététique, bodybuilding, chirurgie esthétique. Nous altérons nos métabolismes individuels par des drogues ou des médicaments. Les implants et les prothèses brouillent la frontière entre le minéral et le vivant : lunettes, lentilles, fausses dents, silicone, pacemakers, prothèses acoustiques, implants auditifs, filtres externes en lieu et place de reins sains. »

❏ Mentalement, nous nous appuyons sur des langages qui constituent des filtres de la réflexion, sur un héritage de jugements implicites et de lignes de pensée déjà tracées, sur des modes d'organisation techniques et sociales qui cristallisent l'expérience et l'intelligence

---

[95] Pour Kurzweil, « le progrès technologique est la continuation de l'évolution par d'autres moyens ». En affirmant ceci, Kurzweil souligne qu'une des exigences clef de l'évolution est la constitution d'une « mémoire » de ses réussites car sinon le processus serait voué à continuer de rechercher des solutions à des problèmes déjà résolus. Pour les organismes les plus primitifs, ces enregistrements étaient directement codés dans la chimie de leur structure cellulaire primitive. Avec l'invention de l'ADN, l'évolution a conçu un véritable ordinateur pour enregistrer son travail d'une manière beaucoup plus sophistiquée en constituant un niveau supérieur d'information, un niveau « méta », codant et dirigeant la reproduction. Kurzweil compare alors le progrès technologique à l'évolution. Selon lui, le code génétique de l'évolution technologique est précisément la mémorisation que l'espèce humaine en fait. « De la même manière que le code génétique des formes de vie primitive était la simple composition chimique des organismes eux mêmes, de même la mémorisation des premiers objets était constituée par les objets eux mêmes. Plus tard, les « gènes » de la technologie évoluèrent vers une mémorisation reposant sur un langage écrit et sont maintenant stockés par l'espèce humaine dans les bases de données informatiques. »

humaine, qui constituent des modèles de référence pour générer d'autres pensées, d'autres comportements. Comme les principes de l'usine ont inspiré avant-hier la manière d'habiter (cf. les machines à habiter de Le Corbusier), voire l'art[96], comme les principes de l'ordinateur ont inspiré hier de nombreux mythes et de nombreuses réalisations, comme les principes d'Internet et des fonctionnements en réseau peuvent être une source d'inspiration aujourd'hui.

# Internet et le Web, moteurs de l'évolution de l'humanité ?

### Internet : un gigantesque « éco-système informationnel »

Cette information organisatrice des cerveaux, Internet et le Web, la porte à des niveaux de rapidité et de puissance sans précédent en diffusant les idées et en permettant leurs interactions à un niveau à la fois individuel et mondial. Et ceci, avec une très grande économie de moyens : avec très peu de choses, quelques octets de mémoire de programmes informatiques – en l'occurrence les protocoles Internet et Web - surgit le plus grand réseau d'échanges d'informations et d'idées que l'humanité ait connu jusqu'alors[97].

Comment dès lors ne pas être frappé par l'analogie entre le codage génétique du vivant qui permet à une poignée de gènes régulant une cascade de gènes complémentai-

---

[96] cf. la remarquable comparaison dressée par Alvin Toffler entre la logique industrielle de la spécialisation et de la taille maximale, et l'orchestre symphonique avec sa division du travail et sa grande taille (in « La Troisième Vague », ouvrage cité).

[97] Ceci est d'autant plus vrai qu'Internet est appelé à intégrer de plus en plus en son sein les modes de télécommunications le précédant (téléphone, télévision).

res[98] d'organiser le développement très rapide de l'embryon selon un plan infiniment complexe et le codage informatique des protocoles d'Internet et du Web qui, avec quelques lignes de programme, suscite l'émergence d'un **gigantesque « éco-système informationnel »** ?

On peut en effet considérer Internet et le Web comme des « milieux » écologiques dans lesquels différentes espèces d'informations et d'idées apparaissent et meurent, se répandent ou régressent, se font concurrence ou vivent en symbiose, se conservent ou mutent.

### Cette écologie des idées n'est pas un vain mot

Comme l'écrit Jean Paul Lévy : « Au bout de l'un des rameaux de l'évolution, les machines animales les plus perfectionnées dans le traitement de l'information, les hommes, ont donné naissance à des entités nouvelles : les idées. Ce sont des informations que leurs cerveaux produisent et qui vivent ensuite leur vie indépendamment d'eux, comme les virus sont produits par des cellules et suivent ultérieurement leur destin propre. Du coup s'est dessinée une nouvelle évolution du vivant. Après celle de la matière, par le perfectionnement de l'information stockée dans l'ADN qui organise les structures des machines vivantes, apparaissait l'évolution des idées, c'est-à-dire celle des réseaux de neurones qui les produisent et qu'en retour elles perfectionnent. » ... « Désormais ce sont les idées qui se perfectionnent grâce à leur mise en réseau de plus en plus dense, de plus en plus universelle ». L'humanité n'a pu connaître sa stupéfiante progression que parce qu'elle a su transmettre les informations, les connaissances, les idées de manière de plus en plus en

---

[98] Un système de régulation à plusieurs étages contrôle la mise en place des structures de l'embryon : des gènes « cardinaux » organisent le travail d'autres gènes qui interviennent sur des zones spécifiques et déclenchent l'étape suivante du processus de développement selon un principe de management décentralisé et de subsidiarité.

plus efficace. Internet et le Web marquent à cet égard une étape historique et décisive dans cette mise en réseau des connaissances de l'humanité, et par là même dans une mise en réseau des cerveaux humains.

# De l'intelligence assistée à l'intelligence incorporée

*« Le XXIe siècle promet d'être un âge où le mariage entre les sens humains et l'intelligence artificielle modifiera et améliorera fondamentalement notre existence».*
Ray Kurzweil[99].

Depuis longtemps, nous avons créé des outils artificiels pour renforcer et amplifier nos capacités intellectuelles, notre intelligence : l'écrit nous a permis d'étendre notre mémoire, le boulier a facilité notre capacité de calcul, bien avant l'apparition des bases de données et des calculettes. Aujourd'hui, des assistants intelligents sous forme de programmes informatiques nous permettent de traiter des tâches complexes telles que négocier un achat, prendre des décisions d'investissements, effectuer un diagnostic médical, piloter un avion. Aujourd'hui, des ordinateurs peuvent se débrouiller tout seuls pour reconnaître et traiter des phrases prononcées de manière naturelle. Aujourd'hui, des ordinateurs dotés d'une grande puissance de calcul sont capables d'être plus performants qu'un humain dans des activités considérées jusqu'à présent comme relevant d'une intelligence de haut niveau comme le jeu d'échecs ainsi qu'en témoigne la victoire de l'ordinateur Deep Blue sur le champion du monde Gary Kasparov en 1997. C'est précisément parce que les ordinateurs et les programmes informatiques qui les accom-

---

[99] The age of spiritual machines, when computers exceed human intelligence, Viking 1999.

pagnent peuvent être plus performants que les humains qu'ils peuvent les assister d'une manière efficace et productive. La croissance de la puissance des microprocesseurs et la baisse de leur coût qui vont se poursuivre dans les années à venir vont entraîner nombre d'applications encore plus remarquables telles que l'utilisation de téléphones permettant des traductions simultanées par exemple. Or cette intelligence qui assiste les hommes dans leurs diverses activités va devenir non seulement de plus en plus diffuse et s'insinuer comme on l'a vu dans les objets domestiques les plus divers mais encore va s'incorporer –au sens littéral- de plus en plus étroitement à l'homme. Dès à présent, des implants neuronaux sont utilisés en médecine pour connecter directement des microprocesseurs à certaines parties du cerveau et permettre à des personnes privées d'expression orale et écrite de s'exprimer. L'Institut allemand Max Planck de biochimie a mis au point des transistors « neuronaux » qui permettent de détecter l'excitation de neurones et de transmettre leur influx à des prothèses musculaires ; et réciproquement, des dispositifs permettant d'exciter des neurones sans les endommager à partir d'un ordinateur.[100]
L'interpénétration de l'intelligence artificielle et de l'intelligence humaine va donc connaître une nouvelle dimension en s'incorporant au corps humain.

# Intelligence de l'évolution et évolution de l'intelligence

Au cours de l'évolution, l'intelligence émerge et se développe, d'une part en donnant naissance à des espèces de plus en plus complexes et de plus en plus intelligentes, d'autre part, en mettant en œuvre à travers des codes de

---

[100] Recherches rapportées par R.Kurzweil

reproduction une capacité d'enregistrement, une « mémoire » de ses réussites.[101] Avec l'arrivée de l'homme, espèce intelligente capable de créer sa propre mémorisation, les connaissances et les progrès technologiques de l'humanité prennent désormais le relais du rôle que joue l'ADN.

Le développement de l'information et de l'intelligence à tous les niveaux permet une structuration et une complexification croissante de notre monde et une réduction partielle de l'entropie[102].

---

[101] Faute de quoi comme le souligne Kurzweil, le processus serait voué à continuer à rechercher des solutions à des problèmes déjà résolus.

[102] Selon la théorie de l'information de Claude Shannon, l'information est porteuse de signification et d'ordre dans la mesure où elle se détache d'un « bruit » de fond aléatoire et non ordonné. L'information est ainsi un facteur de structuration croissante qui permet de lutter contre l'entropie d'un système isolé qui, selon le deuxième principe de la thermodynamique de Carnot, représente le désordre du système et est appelé normalement à croître. On nomme bruit, l'ensemble des informations dénuées d'intérêt qui viennent s'ajouter à l'information pertinente à transmettre (signal). Le rapport signal/bruit permet de mesurer la qualité d'un système de communication, la compréhension finale d'un message étant d'autant meilleure que ce rapport est élevé. Shannon détermina ainsi qu'une information a d'autant plus de valeur que sa probabilité est faible. Par exemple, il peut être utile d'apprendre que «l'autoroute est coupée dans 20 km» car cet événement se présente relativement rarement; en revanche, signaler que «l'opposition n'est pas d'accord avec le gouvernement » est une information de faible valeur, car fortement probable. Plus le message est probable, plus la quantité d'information qu'il transporte est faible. Par conséquent, un message attendu avec certitude possède une quantité d'information nulle. (d'après *Encyclopédie® Microsoft® Encarta 98)*.
En effet, la vie se développe depuis ses origines dans le sens d'un accroissement de l'ordre, et tout être vivant possède en lui une structure très précise et une grande quantité d'informations. Cependant, sans pour autant l'expliquer, l'entropie n'exclut pas la vie: on peut en effet décomposer l'accroissement d'entropie d'un système ouvert en deux parties. L'une correspond aux réactions chimiques et aux flux situés dans le système, l'autre correspond aux flux d'énergie et de matière sortant et rentrant à travers les frontières du système. On pourrait ainsi comparer un être vivant à un réfrigérateur: ce dernier, tout en consommant de l'énergie de façon dissipative, retire de la chaleur d'une source froide pour la donner à une source plus chaude. De même, les êtres vivants consomment de l'énergie extérieure (celle du soleil notamment) pour accroître leur «ordre intérieur» tout en rejetant de la matière et de l'énergie «désorganisées» à l'extérieur. (d'après Encyclopédie Hachette Multimédia).

# *Errata*

Page 186, lire à la place du texte de la note 102 le texte suivant :

« Selon la théorie de l'information de Claude Shannon, l'information est porteuse de signification et d'ordre dans la mesure où elle se détache d'un « bruit » de fond aléatoire et non ordonné. L'information est ainsi un facteur de structuration croissante qui permet de lutter contre l'entropie d'un système isolé qui, selon le deuxième principe de la thermodynamique de Carnot, représente le désordre du système et est appelé normalement à croître. Or, la vie se développe depuis ses origines dans le sens d'un accroissement de l'ordre, et tout être vivant possède en lui une structure très précise et une grande quantité d'informations. La coexistence de l'entropie et de la vie s'explique parce que les êtres vivants terrestres consomment de l'énergie extérieure (celle du soleil notamment) pour accroître leur «ordre intérieur» tout en rejetant de la matière et de l'énergie «désorganisées» à l'extérieur. »

Lire dans le diagramme « Intelligence de l'Evolution et Evolution de l'Intelligence » « CEREBRALISATION » au lieu de « CERABRALISATION ».

## *Intelligence de l'évolution et Evolution de l'intelligence*

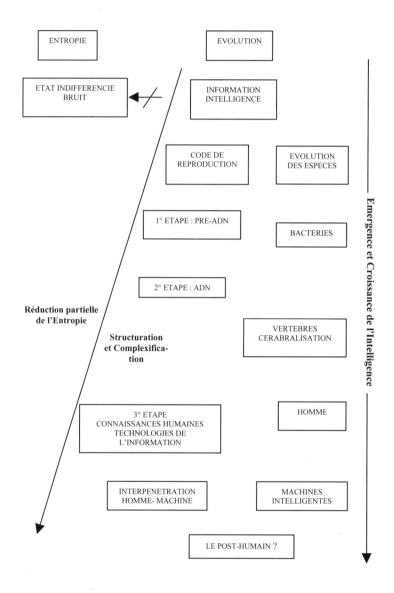

L'intelligence humaine, produit de l'évolution, est beaucoup plus intelligente que l'évolution qui l'a créée. A partir du moment où une intelligence peut créer une autre intelligence encore plus intelligente qu'elle-même, la question se pose de savoir si nous ne serons pas dépassés soit par des machines beaucoup plus intelligentes que nous, soit par une interpénétration entre les microprocesseurs et nous-mêmes telle qu'elle bouleversera notre nature humaine et nous entraînera sur le chemin du « posthumain ».

# L'interrogation post-humaine

« Les ordinateurs auront acquis la capacité de mémoire et la vitesse de traitement du cerveau humain en 2020. A cette même période, les ordinateurs seront capables de lire, de comprendre et de tirer des conclusions de ce qu'ils ont lu, de partager leurs connaissances entre eux... La combinaison de formes d'intelligence humaine acquises par les ordinateurs avec les performances spécifiques qui leur sont propres (capacité de se remémorer instantanément des milliards de faits alors que nous avons du mal à mémoriser une poignée de numéros de téléphone) leur donnera une puissance formidable. »

« A partir du moment où les ordinateurs seront aussi complexes que le cerveau humain et égaleront celui-ci en subtilité et en complexité de la pensée, (notamment grâce à des capacités de perception accrues, voir, entendre, toucher), devrons-nous les considérer comme conscients ? »

Ray Kurzweil, « The Age of spiritual machines, When computers exceed human intelligence », Viking, 1999.

« La Commission Européenne, à travers le programme « Information Society Technologies (IST) Program for Research, Technology Development and Demonstration under the 5 Framework Program », s'intéresse - dans le volet « Technologies futures et émergentes » - à l'ajout à l'homme de sens nouveaux, soit par des moyens physico-chimiques, soit à l'aide d'interfaces directes avec le cortex humain. Pour mesurer le sérieux de la démarche, précisons que ce document constitue un appel à projets aux fins de subventions. Pour leurs auteurs, ces « systèmes de bio- information personnels » auront pour but « d'améliorer la santé ou la qualité de la vie de leurs détenteurs ». Chose que ne permettent plus les lois de l'évolution, puisque celles-ci semblent ne plus s'appliquer à l'homme depuis longtemps. Si notre siècle fut celui de la

contraction du temps et de l'espace humains, les avancées de la génétique et de la biologie, associées à celles de l'électronique et de l'informatique, verront probablement les vingt ou quarante prochaines années être celles des mutations provoquées de l'homme (ou le début de sa modification artificielle) ».
Patrick Gatellier, PC Expert, Août 1999.

« Nous ne sommes qu'à l'orée d'une nouvelle explosion de l'innovation technologique dans les sciences de la vie. D'ici les deux prochaines générations, la biotechnologie nous donnera les outils qui nous permettront d'accomplir ce que les spécialistes d'ingénierie sociale n'ont pas réussi à faire. A ce stade, nous en aurons définitivement terminé avec l'histoire humaine parce que nous aurons aboli les êtres humains en tant que tels. Alors commencera une nouvelle histoire, au-delà de l'humain. »
Francis Fukuyama, article publié par Le Monde, juillet 1999.

« Le post-humain ne signifie pas la fin de l'humanité. Il signale plutôt la fin d'une certaine conception de l'humanité…. Bien que certaines interprétations du post-humain tendent à être anti-humaines et apocalyptiques, d'autres interprétations peuvent être élaborées visant à assurer la survie à long terme de l'humanité et des autres formes de vie, biologiques et artificielles , avec lesquelles nous partageons la planète et nous mêmes. »
Katherine Hayles, "How we became post-human", The University of Chicago Press, 1999.

# Chapitre VII

# L'accélération

*« 77 % du chiffre d'affaires de Hewlett Packard provient de produits qui ont moins de 2 ans ».*

*« Compte tenu de la baisse régulière des coûts, les composants informatiques perdent en moyenne 1% de leur valeur par semaine[103]. »*

Depuis le Big Bang, initiateur de l'univers il y a 15 milliards d'années environ, jusqu'à aujourd'hui, une constante apparaît : celle de l'accélération. Il a fallu plusieurs milliards d'années pour que, de la forêt d'astres résultant de l'explosion première de l'univers, naissent le Soleil et la Terre, il y a environ 4 milliards et demi d'années. Il n'a fallu qu'un peu plus d'un milliard d'années depuis la naissance de la Terre pour que la vie y apparaisse ; que 200 millions d'années pour passer des algues aux poissons, 85 millions d'années pour passer des reptiles aux oiseaux. Seuls 3 à 4 millions d'années séparent les Australopithèques de notre espèce Homo Sapiens.

Le même phénomène s'observe dans l'histoire de l'humanité : plus nous avançons dans notre histoire, plus l'évolution s'accélère. Pour parvenir à l'agriculture (qui apparaît il y a environ 8.000 ans avant JC), l'humanité a mis depuis son origine presque 200 000 ans ; pour passer de la révolution agricole à la révolution industrielle, elle a mis un peu moins de 10.000 ans ; pour passer de la révolution industrielle à la révolution des nouvelles technologies de l'information, elle a mis un peu moins de 200 ans.

---

[103] Progressive Policy Institute, Washington DC.

On s'aperçoit donc que la chronologie des choses obéit à une sorte de logique fractale[104] : l'accélération est un principe commun à l'emboîtement des échelles de temps propres à la vie et à la civilisation humaine. Précisément au fur et à mesure que l'on se rapproche des périodes les plus récentes, l'accélération devient plus forte. Il y a une accélération de l'accélération.

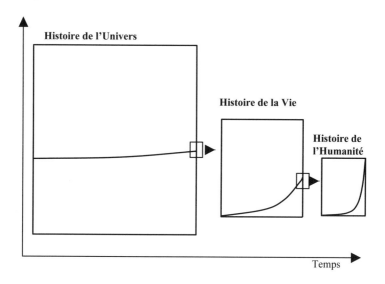

Chaque « boite » pourrait être ainsi considérée comme l'agrandissement de la période la plus récente de la boite dans laquelle elle est incluse. L'histoire de l'humanité comme le fragment le plus récent de l'histoire de la vie, l'histoire de la vie comme le fragment le plus récent de l'histoire de l'univers.

---

[104] Les fractales sont des figures géométriques qui présentent le plus souvent un aspect identique quelle que soit l'échelle considérée : chacune de leur partie reproduit leur totalité.

L'accélération s'exprime à travers 3 grands paramètres.

Une croissance quantitative :
...de la population mondiale, du Produit National Brut, etc... Un seul exemple : la population mondiale a mis 10.000 ans pour passer de 5 millions à l'époque préhistorique à 250 millions d'humains au temps du Christ. A partir de l'An 1, il lui a fallu seulement 1650 ans pour doubler et atteindre les 500 millions. Le rythme du doublement s'est accéléré par la suite : un siècle et demi pour atteindre le milliard d'habitants en 1800 ; à peine plus d'un siècle pour atteindre le second milliard d'habitants en 1930 ; moins d'un demi siècle (45 ans) pour atteindre les quatre milliards d'habitants en 1975, et pour passer aux 8 milliards d'habitants prévus en 2020 avec une étape à 6 milliards d'habitants au début de l'an 2000.

**Evolution de la population mondiale**

Sources : Musée de l'Homme – Exposition 6 milliards d'hommes
INED, CEA,…

**Population**

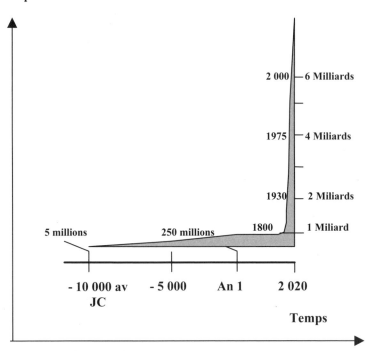

<u>Des changements qualitatifs stratégiques :</u>
Passage d'une société industrielle à une société de l'information et de la connaissance, nouvelle maîtrise de l'homme sur son patrimoine génétique ; redéploiement complet d'une entreprise suite à une mutation durable de son environnement extérieur par exemple, réorientation et redéploiement des grandes entreprises informatiques (comme Microsoft, Intel, IBM, Hewlett Packard, Dell…)' en fonction d'Internet.

<u>Une volatilité accrue</u>
le nombre de phénomènes soumis à des changements brusques dans un temps très bref s'accroît et les rythmes de variations deviennent de plus en plus intenses. Par exemple, l'importance croissante des mouvements mondiaux de capitaux entraîne des réajustements brutaux des économies nationales (cf. crise asiatique), le poids des anticipations et le raccourcissement des délais d'évaluation intensifient les fluctuations dans la variation de la capitalisation boursière des entreprises.

# Internet, symbole et moteur de l'accélération

## Internet, symbole de l'accélération

Internet et le Web se sont répandus à travers le monde plus rapidement que n'importe quelle autre technologie dans l'histoire de l'humanité.

Après avoir mis en place un réseau de quelques ordinateurs, à la suite de travaux remontant à 1973, l'Agence pour les Projets de Recherche Avancés du Ministère de la Défense des États-Unis à l'origine d'Internet adopta en

1982 les protocoles TCP/IP qui reliaient alors quelques centaines d'ordinateurs. En 1984, le millième ordinateur est connecté, en 1986 ce sont 5.000 ordinateurs qui sont reliés à Internet, en 1989 100.000 ordinateurs, en 1993 1,3 millions, 2,2 millions en 1994, 4,9 millions en 1995, 9,5 millions en janvier 1996, 16 millions en janvier 1997, 30 millions en janvier 1998, plus de 43 millions en janvier 1999.

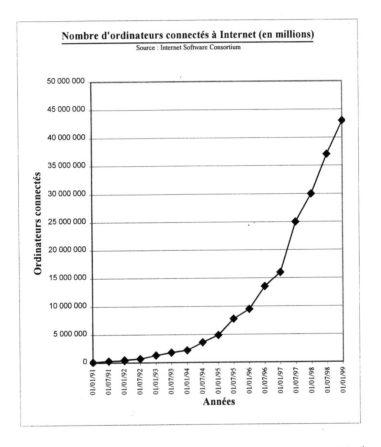

On remarque qu'Internet a connu une période « d'incubation » de quelques années avant de connaître une croissance exponentielle liée notamment aux facilités apportées par le Web.

Le nombre d'Internautes ne cesse d'augmenter et atteint dès aujourd'hui un nombre supérieur à celui de la population totale du Japon (1999 = 130 millions).

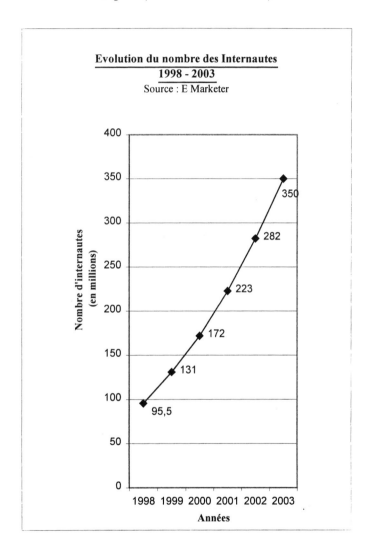

**Evolution du nombre des Internautes**
**1998 - 2003**
Source : E Marketer

L'accélération incarnée par Internet et la révolution numérique peut être symbolisée par 3 lois qui ont déjà été largement évoquées :
- La loi de Moore qui prévoit que la puissance des micro processeurs double tous les 18 mois ;
- La loi de Metcalfe selon laquelle la valeur d'un réseau croît exponentiellement par rapport à la croissance du nombre de ses utilisateurs ;
- La loi d'Internet selon laquelle la capacité du réseau Internet double tous les 3 mois (cf. La mise en place d'Internet II aux USA, de câbles sous marins transocéaniques, l'arrivée de l'ADSL, etc...).

# Internet et la révolution numérique, moteurs de l'accélération

Internet et la révolution numérique connaissent des progrès de productivité bien supérieurs à ceux des autres branches d'activité : « *Si la productivité de l'industrie automobile avait progressé au même rythme* [que celui des technologies de l'information], *une voiture coûterait aujourd'hui trois dollars*[105]. » Mais c'est précisément par les gains de productivité colossaux qu'elles permettent que les technologies de l'information deviennent le moteur essentiel du développement.

Les progrès de productivité enregistrés dans les autres secteurs, même s'ils sont moindres que dans l'informatique et les télécoms, sont largement obtenus grâce aux gains de productivité apportés par ces derniers.

---

[105] Programme des Nations Unies pour le Développement : rapport sur le développement humain, 1999.

En particulier, Internet et la révolution numérique conduisent de plus en plus l'économie et la société à fonctionner d'une manière instantanée, en temps réel. Les délais de transmission, les délais de réaction, se raccourcissent dramatiquement, au point même d'en arriver à être nuls, notamment à travers des processus d'automatisation des échanges et des transactions.

Les délais de conception, de fabrication, de mise sur le marché sont de plus en plus tendus (« just in time », flux tendus). L'obsolescence des produits de plus en plus rapide : un ordinateur devient souvent dépassé en moins d'un an.

Du coup, on observe une primauté du temps par rapport à l'espace. La mondialisation des échanges se développant constamment, la question pour un produit n'est plus de parvenir à l'autre bout du globe, mais d'y arriver avant les autres.

Par ailleurs, dans un monde en mutation constante et accélérée, où le changement est lui même soumis à changement, les temps d'adaptation aux nouvelles donnes deviennent de plus en plus courts. Si l'individu, l'entreprise, l'institution, ne s'adaptent pas assez rapidement, ils deviennent obsolètes, ou se trouve dépassés et vaincus par la concurrence.

Enfin, dans une société où l'abondance se développe, la seule ressource qui demeure rare et incompressible, c'est le temps, que ce soit celui des actifs qualifiés ou que ce soit celui des consommateurs sollicités de toutes parts.

# Les mécanismes à l'origine de l'accélération

## Rapidité de déploiement

La nature offre des exemples de développement fulgurant, par exemple lors du passage de l'unique et première cellule d'un embryon humain aux milliards de cellules dont il est déjà doté à la naissance. Au delà de cet aspect quantitatif, l'évolution de l'embryon offre surtout un exemple de développement qualitatif extrêmement complexe et très rapide. A partir de la fécondation se réalise un plan inscrit dans les gènes de chaque espèce, peu à peu modifié au cours de l'évolution. Comme l'a dit François Jacob : « la formation d'un homme à partir d'un œuf représente une merveille de rigueur et de précision ». La mise en place des structures de l'embryon est régulée par un système à plusieurs étages, reposant sur un principe de subsidiarité et de délégation de tâches. « Des groupes de gènes entrent successivement en action avec une zone d'intervention de plus en plus étroite au fur et à mesure que l'embryon se développe et chaque fois ils activent en cascade d'autres gènes qui, d'une part, individualisent les segments et, d'autre part, déclenchent l'étape suivante du processus. Un même gène peut contrôler ainsi plus de 100 autres gènes dont les uns sont à leur tour des régulateurs, tandis que les autres interviennent directement dans la mise en place de telle ou telle structure de l'embryon. Il existe donc 5 ou 6 niveaux de gènes organisateurs. C'est ce programme présent, dans le génome de l'espèce, qui va permettre aux cellules de devenir des objets aussi différents qu'un neurone du cerveau, une fibre musculaire, un globule rouge bourré d'hémoglobine, les globules blancs chargés de la destruction des bactéries ou encore l'un des 200 autres types cellulaires qui coexistent dans un corps, qui va indiquer aux cellules ce qu'elles doivent faire : là, un fémur, ici, des doigts de pieds ».[106]

Ce processus fantastique par sa complexité, sa précision, et sa rapidité, illustre bien la capacité **d'auto-déploiement** du vivant. Tout se déroule comme une mécanique de précision, à la fois garante de la constance des caractéristiques de l'espèce et génératrice d'individualité, qui repose sur un enchaînement extraordinairement rigoureux de séquences d'activation et de régulation, managé par une hiérarchie de gènes fonctionnant en cascade selon un principe de subsidiarité et de délégation décentralisée, mais s'inscrivant dans un programme planifié à l'origine par le génome. A l'instar d'un programme informatique qui, à partir de quelques milliers de lignes de codes, à partir d'un jeu d'instructions et d'informations, peut mettre en branle des opérations physiques particulièrement lourdes et complexes comme le lancement d'une fusée dans l'espace, le code génétique peut placer un être vivant sur l'orbite de l'existence.

L'analogie avec les activités humaines n'est pas fortuite. Ce qui ressort en effet de commun, c'est le pouvoir démultiplicateur d'un jeu d'instructions en cascade, c'est l'effet « méta » déjà évoqué lors du chapitre sur la dématérialisation. Mais ce qui importe ici, ce n'est pas seulement la dimension « économisante » d'énergie, de matière première, c'est l'aspect « booster », la dimension dynamisante, permettant à un élément de se déployer en un temps record. « Avec un levier, je soulèverais le monde » avait déclaré Archimède. Avec ses connaissances, l'homme d'aujourd'hui peut non seulement s'arracher à l'attraction terrestre, mais également contribuer à l'accélération de l'histoire.

---

[106] Jean Paul Lévy « La Fabrique de l'Homme » Éditions Odile Jacob 1997.

# Du déploiement à l'accélération : les boucles de rétroaction positives

En effet, au delà même de la vitesse de déploiement d'une séquence d'action, ce qui permet une accélération des choses, c'est la constitution d'une **boucle de rétroaction positive**. Celle-ci se forme lorsque par exemple, un enseignement est tiré d'une pratique existante pour la rendre plus performante, et se développe lorsque, une nouvelle amélioration étant apportée à l'amélioration antérieure cette opération est répétée sur plusieurs cycles. Dans cette boucle sans fin la connaissance joue un rôle essentiel pour détecter ce qui peut être amélioré, formuler le problème, identifier les solutions possibles, déterminer les conditions de mise en application de celles-ci. On voit bien dès lors tout ce que peut apporter un système de diffusion et d'échanges de connaissances théoriques et pratiques permettant à chacun d'éviter de refaire le monde à lui tout seul mais au contraire de bénéficier de la somme considérables d'expériences acquises depuis le début de l'humanité. Or Internet et le Web constituent de ce point de vue une gigantesque base de données des connaissances humaines qui n'est certes pas exhaustive, qui n'est pas toujours d'accès libre et gratuit, mais dont néanmoins le contenu s'agrandit continûment et à un rythme lui aussi accéléré.

*Qu'est ce que la rétroaction positive ?*

D'une manière générale, les systèmes peuvent soit tendre vers un équilibre stable, soit connaître des processus cumulatifs d'amplification et d'accélération. Dans le premier cas, on parle de rétroaction négative, un mécanisme comme le thermostat jouant un rôle correcteur et compensateur. Dans le deuxième cas, on parle de rétroaction positive, renforçant cumulativement le mouvement initial. Il suffit parfois de peu de choses (ce que la théorie du chaos appelle la forte dépendance par rapport aux conditions initiales ou bien d'une manière plus poétique « l'effet papillon[107] ») pour que le système évolue dans un sens ou dans un autre. Mais dans le cas d'une rétroaction positive, des mécanismes d'auto-renforcement confortent la direction initiale et font s'emballer le système.

Deux mécanismes fondamentaux semblent jouer un rôle essentiel dans les phénomènes d'accélération et la création et le développement de boucles de rétroaction positive :
- L'effet réseau et la loi des rendements croissants ;
- L'effet multiplicateur des boucles générationnelles.

## Effet réseau et loi des rendements croissants

D'une manière générale, en économie, la règle dominante est celle des **rendements décroissants**. Les gains de production entraînés par l'accroissement d'un facteur de production finissent par décroître à partir d'un certain seuil si les autres facteurs de production restent constants. Par exemple, si un ouvrier supplémentaire dans une chaîne de production peut augmenter la productivité, l'ajout d'un deuxième ouvrier supplémentaire peut ne pas augmenter autant la productivité, ou même ne pas l'augmenter du tout.

Or l'économie des réseaux génère un paradoxe qui va complètement à l'encontre de ce principe puisque des **rendements croissants** peuvent être observés lorsque interviennent des économies d'échelle liées à la dynamique de croissance du nombre d'utilisateurs d'un réseau.

C'est ainsi que la valeur d'un réseau croît selon le carré du nombre de ses membres. En d'autres termes, quand le nombre de membres d'un réseau croît arithmétiquement, la valeur de ce réseau croît exponentiellement. Par exemple, si la valeur d'un réseau est de 1 Franc par utilisateur,

---

[107] Le battement des ailes d'un papillon à Singapour suffirait à déclencher une tornade au Texas.

un réseau de 10 utilisateurs vaudra 10 x 10 = 100 francs. Mais si le réseau s'accroît pour atteindre 100 utilisateurs, sa valeur sera alors de 100 x 100 = 10 000 francs : une augmentation de 10 fois la taille du réseau se traduit par une augmentation de 100 fois sa valeur. Cette formule a été mise en évidence par Robert Metcalfe, l'inventeur d'Ethernet, une technologie de mise en réseau, et depuis, est traditionnellement appelée « la loi de Metcalfe ».

Cette loi s'explique par le fait que si vous êtes le seul et unique possesseur d'un fax par exemple, il ne vous servira pas à grand chose parce que vous n'aurez personne avec qui communiquer grâce à cette technique ; mais que votre fax prendra d'autant plus de valeur que d'autres personnes en auront avec qui alors vous pourrez échanger. Ce qui explique l'élévation au carré de la valeur du réseau par rapport au nombre de ses utilisateurs, c'est qu'il y a une explosion des combinaisons possibles de connexions entre les différents utilisateurs :

| | Usager 1 | Usager 2 | Usager 3 | Usager 4 | Usager 5 | Usager N.. | TOTAL |
|---|---|---|---|---|---|---|---|
| Usager 1 | | | | | | | |
| Usager 2 | | | | | | | |
| Usager 3 | | | | | | | |
| Usager 4 | | | | | | | |
| Usager 5 | | | | | | | |
| Usager N.. | | | | | | | |
| TOTAL | | | | | | | $N \times N$ |

En outre, par rapport à un réseau de téléphone classique[108] où le nombre total d'appels potentiels est la somme totale de tous les couples formés d'un appelant et d'un appelé, Internet apporte une troisième dimension , la capacité d'interagir non seulement avec votre interlocuteur mais également et simultanément avec ses amis ou ses propres interlocuteurs. Comme l'a fait remarquer John Browning, cité par Kevin Kelly, quand nous faisons le compte du nombre total de connexions possibles, nous devrions donc additionner aussi l'ensemble des groupements possibles.

A côté des réseaux matériels (voies ferrées, autoroutes, lignes aériennes, téléphones, Internet) se constituent également des réseaux « virtuels » d'usagers utilisant tel ou tel produit. On peut considérer, à certains égards, que les utilisateurs de l' « I-Mac » par exemple forment un réseau dont Apple est le sponsor. Les acheteurs d'un I-Mac n'achètent pas seulement un ordinateur, ils achètent aussi un réseau avec les services, les logiciels, et les périphériques qui vont avec. D'une manière analogue, il en va ainsi pour les clients de Microsoft. Ceux-ci apprécient les produits Microsoft non pas forcément parce que ce sont les meilleurs dans l'absolu mais parce qu'ils sont très largement utilisés, et qu'ils sont devenus une « norme ». Un produit devient d'autant plus intéressant pour un usager qu'il en attire d'autres.

Les processus cumulatifs, les boucles de rétro action positive, se renforcent à partir d'un certain seuil.

Des effets de verrouillage
prennent place en raison des coûts de changements de systèmes où d'appartenance à un réseau qui sont d'autant

---

[108] A la différence des systèmes d'autrefois, les systèmes téléphoniques d'aujourd'hui permettent également des conférences téléphoniques reliant simultanément plusieurs interlocuteurs.

plus élevés que le système est répandu et que le réseau compte plus de membres. Deux exemples :

- La langue anglaise a atteint un seuil critique d'extension dans le monde qui fait que son usage dans les affaires internationales tend à se renforcer d'une manière continue.
- Après quelques années de maturation, Internet et le Web se sont développés exponentiellement parce qu'ils constituaient un système de normes ouvertes, et ce au détriment de réseaux et de protocoles « propriétaires » qui n'avaient pas réussi à atteindre à temps une masse critique.

Des processus « d'exclusion compétitive »
selon l'expression de J. De Rosnay se développent, le gagnant s'assurant une position durablement dominante. La rétroaction positive renforce ainsi « les forts » et affaiblit « les faibles ».

Les boucles de rétroaction
se combinent et s'enchaînent : la croissance de la demande rend le produit plus attractif pour les autres usagers (1ère boucle) et diminue en même temps le coût de sa production, rendant l'entreprise plus forte et le produit moins cher (2ème boucle).

## L'effet multiplicateur et diversificateur des « boucles générationnelles »

La croissance et l'évolution d'une population s'effectue principalement à travers le renouvellement des générations. Un processus cumulatif de développement passe donc ainsi par l'existence d'une « boucle générationnelle » de rétro action positive qui permet aux individus d'une même espèce de multiplier leur descendance au fil des générations. Ce processus est quantitatif : avec une fécondité élevée et une mortalité réduite une population peut augmenter très rapidement, voire en certaines périodes exponentiellement, qu'il s'agisse de l'homme, des lapins, ou des moustiques. Mais il est aussi qualitatif : à chaque génération se glissent des possibilités de mutations que l'évolution sanctionne positivement ou négativement. C'est à travers ce processus générationnel, que l'évolution a fait surgir au fil des millénaires l'espèce humaine des primates, les primates des mammifères, les mammifères des vertébrés, les vertébrés des animaux primitifs et ceux-ci des algues et des bactéries. Par rapport à la simple duplication produite par la division cellulaire, la reproduction sexuée à introduit, dans ce long processus évolutif, un accroissement de la diversité génétique et par conséquent une accélération des processus de diversification du vivant.

Cette vertu de l'évolution est utilisée aujourd'hui pour produire des programmes informatiques performants à travers les « algorithmes génétiques ». Le principe, on l'a vu, consiste à faire tourner une série de programmes informatiques ayant une tâche précise à accomplir, et à sélectionner ceux qui réussissent le mieux, en mettant en place de nombreux cycles de reproduction et d'élimination. Tandis que les programmes qui connaissent trop d'échecs sont éliminés, les programmes qui réussissent sont conservés et des mécanismes les incitent à se combiner entre eux pour donner naissance à une nouvelle génération de programmes, qui sera elle même à son tour l'objet d'une sélection et d'une reproduction, et ainsi de suite. Les « espèces informatiques » les plus performantes se trouvent donc développées et renforcées. Comme les paysans qui ont, au fil du temps, sélectionnés les meilleures variétés de chevaux et de vaches, les informaticiens d'aujourd'hui se transforment en « éleveurs » de programmes. Mais l'ordinateur permet d'aller beaucoup plus vite en faisant jouer des milliers de générations constituant des boucles de rétroaction positive en un temps record.

# Les limites de l'accélération : les courbes en S

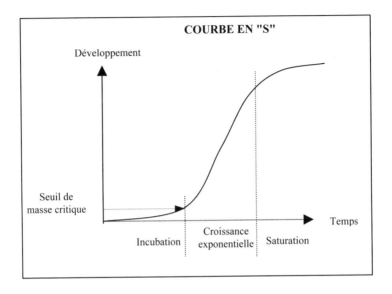

Dans le cycle de vie d'un organisme, d'un produit, tout ne croît pas à un rythme exponentiel. Beaucoup de phénomènes suivent le schéma d'une courbe en S[109]. Au démarrage, la croissance est relativement lente et la pente de la courbe faible (les premières années de l'électricité, du téléphone, de la télévision, d'Internet et du Web, les premiers millénaires de l'humanité). Et puis, passé un seuil de masse critique, un point d'inflexion stratégique apparaît, et le profil de la courbe se redresse d'une manière abrupte témoignant d'une croissance accélérée voire exponentielle. A partir d'un certain stade, cependant, celui de la maturation et de la saturation, cette croissance se ralentit pour reprendre une allure de plus en plus modérée (le téléphone, la télévision, la population, dans les pays développés). Internet et le Web ne sont, quant à eux,

---

[109] Cf. Varian p 178, Kelly p34, Ouvrages cités.

qu'au tout début de leur phase de croissance exponentielle qui a encore de très belles années devant elle.

Ces limites tiennent à de nombreux facteurs : la limitation naturelle des ressources alimentaires d'une population animale, la saturation d'un marché, et la loi des rendements décroissants à technologie constante.

*Pourquoi donc, malgré toutes ces limites, la vie et l'humanité connaissent-elles une accélération croissante ?*

Deux tentatives de réponses peuvent être apportées à cette question fondamentale :
- L'introduction dans le jeu d'un paramètre particulier : l'innovation ;
- L'interpénétration de mécanismes cumulatifs qui se renforcent mutuellement.

## Le dépassement des limites

### L'innovation brise les barrières et bouleverse les règles du jeu

Les phénomènes de saturation, de rendements décroissants, etc...jouent sous la réserve que toutes choses demeurent égales par ailleurs. Or, ce n'est souvent pas le cas, car des innovations introduisent précisément des bouleversements dans le système, que ce soit des innovations « naturelles » introduites par les mutations des espèces, ou que ce soit des innovations « artificielles » introduites par l'homme et sa technologie.

Ces innovations introduisent en effet des changements dans les règles du jeu qui fait que celui-ci peut se poursuivre sous de nouvelles formes. Alors que Malthus estimait en 1800 que la population d'alors (1 milliard et demi) ne pouvait progresser dans de bonnes conditions en raison des limites de la croissance des ressources alimentaires, nous sommes aujourd'hui 6 milliards d'habitants grâce aux révolutions technologiques ; et la faim qui régresse tant bien que mal dans le monde n'est pas due à une insuffisance globale de ressources mais à leur inégale distribution. Le choc pétrolier de 1974 pouvait donner à penser qu'une longue ère de pénurie et de récession allait s'ensuivre. Mais précisément, les économies d'énergie, de nouvelles sources d'énergie alternative, le développement d'un économie de l'immatériel ont changé la donne.

*Plus profondément, alors que l'entropie[110] tend à se développer à l'échelle de l'univers selon le principe de Carnot, le miracle de l'évolution est de promouvoir des niveaux d'organisation et d'information de plus en plus sophistiqués et performants et donc d'introduire des innovations à chaque étape permettant de dépasser les limites jusque là établies.*

Dans ce processus, il est particulièrement intéressant de souligner la valeur centrale que constitue l'information. Grâce à l'ADN, siège de l'information génétique de tous les organismes vivants, l'évolution dispose d'un « ordinateur numérique » pour enregistrer son ouvrage et ses succès et éviter de répéter la recherche de solutions pour des problèmes déjà résolus. A l'instar d'un ordinateur codant les informations à partir d'une succession de 0 et de 1, l'ADN traite les informations génétiques à partir

---

[110] Le principe de Carnot, appelé aussi deuxième principe de la thermodynamique, fait intervenir une grandeur d'état, l'entropie S, qui mesure le désordre du système à l'échelle moléculaire. Le deuxième principe énonce que l'entropie d'un système isolé ne peut que croître. En conséquence, lorsqu'un système a atteint son état d'équilibre, son entropie est maximale. La nature semble donc « préférer » le désordre à l'ordre. En utilisant le deuxième principe, on démontre qu'il est impossible de produire du travail de manière continue en retirant de la chaleur à un corps. On dit que le second principe interdit tout «mouvement perpétuel».

de quatre bases (adénine, thymine, cytosine et guanine) dont l'ordre de succession détermine la signification[111].
Avec l'apparition de l'homme, le rôle de l'information franchit une étape décisive. Le langage, l'écriture, l'imprimerie, permettent de stocker et de conserver l'information et donc de capitaliser et de diffuser l'innovation d'une manière consciente et explicite. Mieux encore, la technologie d'aujourd'hui avec l'informatique et Internet, permet de traiter non seulement de l'information mais de rechercher, de trier, de classer, et d'aider à produire des connaissances nouvelles, sources d'innovation. Les technologies de l'information progressent donc à pas de géant en constituant des boucles de rétroaction positive et en appliquant à elles-mêmes leurs trouvailles innovantes. La diffusion de l'intelligence artificielle à travers les agents intelligents présents sur le Web et de multiples programmes informatiques permettant aux ordinateurs d'effectuer des tâches de plus en plus évoluées et sophistiquées se fait de plus en plus forte et renforce encore le volume et le rythme des innovations. Selon la formule de R. Kurzweil, « La technologie apparaît ainsi comme la continuation de l'évolution par d'autres moyens ». Plus précisément, on pourrait dire que la maîtrise croissante du traitement de l'information par l'homme, y compris du traitement de l'information génétique[112], génère une véritable évolution de l'évolution.

---

[111] « ATG par exemple, veut dire « début de message », c'est là que le plan d'une protéine commence ; TTT veut dire « mettre ici phénylalanine », etc...Il n'existe que 64 combinaisons possibles mais cela suffit largement pour indiquer les débuts et les fins des messages ainsi que la mise en place des acides aminés.... » J.P. Lévy, « La fabrique de l'homme »
[112] Cf. tous les développements de la biotechnologie...

## Les mécanismes cumulatifs qui s'interpénètrent se renforcent mutuellement

Lorsque de nombreux phénomènes différents obéissent simultanément à des courbes de croissance rapide et cumulative, leur addition fait que l'ensemble du monde dans lequel ils sont plongés tend forcément à suivre aussi une croissance accélérée.

Mais, l'accélération d'une croissance globale est d'autant plus forte lorsqu'elle ne repose pas sur la simple addition de la croissance de phénomènes indépendants, mais lorsqu'elle provient de l'interaction entre plusieurs mécanismes cumulatifs qui se renforcent mutuellement.

Deux exemples en témoignent :
- La dynamique de développement des communautés électroniques ;
- L'interpénétration des 7 principes évoqués dans cet ouvrage.

## La dynamique de développement des communautés électroniques

Les communautés électroniques rassemblent autour d'un site Web un grand nombre de personnes qui partagent à un degré variable des préoccupations et des centres d'intérêts communs. Des spécialistes ont montré que l'attractivité d'une communauté électronique repose sur quatre principaux registres :
- La qualité du contenu ;
- Le degré d'interaction entre les membres ;
- La spécificité du profil des membres ;
- L'étendue de l'offre commerciale.

Le diagramme suivant illustre bien comment ces principaux registres s'articulent entre eux de manière dynamique et cumulative.

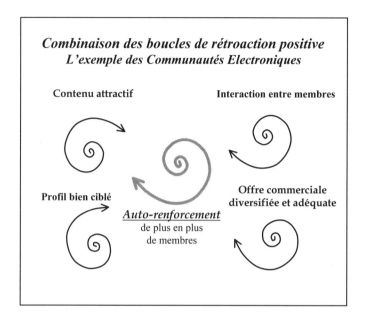

**Combinaison des boucles de rétroaction positive**
**L'exemple des Communautés Electroniques**

Contenu attractif                    Interaction entre membres

Profil bien ciblé                    Offre commerciale
                                     diversifiée et adéquate

*Auto-renforcement*
de plus en plus
de membres

La première boucle de rétroaction positive est celle relative au contenu. Le contenu est d'autant plus intéressant qu'il implique et qu'il fait appel aux membres de la communauté ; et, cette attractivité du contenu génère à son tour des membres supplémentaires qui vont générer des contenus encore plus riches et rendre la communauté encore plus intéressante.

La deuxième boucle est celle relative à l'intensité de l'interaction entre les membres. Plus une communauté promeut les relations directes entre ses membres plus ceux-ci seront fidèles à la communauté et plus ils participeront aux forums et aux échanges. Ils resteront donc plus longtemps en ligne et rendront la communauté encore plus attractive.

La troisième boucle est celle relative à la spécificité du profil de ses membres. Plus une communauté réunit de personnes ayant des goûts et des préférences communes bien identifiés, plus cette communauté est intéressante pour les annonceurs et pour les entreprises de commerce électronique qui peuvent alors procéder à un marketing bien ciblé et efficace. Cette efficacité du marketing attire à son tour d'autres vendeurs qui enrichissent et diversifient l'offre tout en demeurant pertinents. Ces opportunités commerciales et transactionnelles accroissent à leur tour l'intérêt du site et de la communauté pour de nouveaux membres.

La quatrième boucle concerne précisément le développement du nombre de transactions réalisées à partir de la communauté et du site. Les opportunités commerciales et transactionnelles accrues accroissent à leur tour l'intérêt du site et de la communauté pour de nouveaux membres et pour de nouveaux vendeurs.

➤ *Ces quatre boucles se renforcent donc mutuellement au travers du développement de la communauté qui, du coup, renforce le caractère exponentiel de sa croissance, une fois passé le seuil critique de l'incubation.*

## La dynamique de l'interaction des Sept Piliers

La dynamique de l'interaction des Sept Piliers constitue un exemple particulièrement fort de l'accélération générée par des mécanismes cumulatifs qui interagissent entre eux et s'interpénètrent.

Chacun des Sept Piliers est l'objet d'une dynamique propre d'accélération et d'auto-renforcement :
❑ Grâce à **l'interconnexion**, le changement se répand plus aisément et plus vite ; et les avantages concurrentiels générés par l'accès rapide et peu coûteux aux sources d'information et d'échange suscitent en retour une demande accrue d'interconnexion.

❏ La **dématérialisation**, accélérée par la révolution numérique, permet d'échapper aux limites du monde physique et matériel en transportant l'information, la connaissance, l'intelligence, à la vitesse de la lumière. La vertu économisante et accélératrice de la connaissance est tellement performante qu'elle crée en retour un renforcement toujours plus rapide du processus de dématérialisation.

❏ La **décentralisation** hâte la réactivité des différents organismes et leur permet ainsi de réagir mieux et plus vite. Elle crée de nouveaux modes de fonctionnement et une nouvelle culture qui favorise en retour sa diffusion et son expansion.

❏ La **personnalisation** accélère les rythmes de transaction en mettant en relation directe les individus avec la société et l'économie, que ce soit en tant que consommateurs ayant des goûts et des préférences spécifiques, ou en tant qu'actifs prenant de plus en plus de responsabilités. Elle crée une dynamique d'auto renforcement en multipliant le nombre de clients (effet réseau) et de décideurs.

❏ L'**universalisation** contribue à diffuser le changement le plus largement et donc le plus rapidement possible. Les effets d'économie d'échelle tendent à la renforcer.

❏ L'**interpénétration**, elle aussi, accélère la propagation du changement. En constituant précisément le processus par lequel les Sept Piliers deviennent étroitement interdépendants, l'interpénétration s'auto-renforce à l'infini.

❏ L'**accélération** s'auto-accélère à travers une dynamique de rétroaction positive.

Mais ce qui nourrit surtout l'accélération de chacun des Sept Piliers, c'est précisément leur dynamique d'interaction mutuelle.

L'accélération repose ainsi non pas sur un pilier unique mais sur plusieurs piliers, ce qui lui donne une assise plus solide et plus forte.

Pour prendre une image plus dynamique, on pourrait dire que la fusée de l'accélération dispose de puissants « boosters », les principes d'interconnexion, de dématérialisation, de décentralisation, de personnalisation, d'universalisation, et d'interpénétration.

Réciproquement, chacun des principes se nourrit de ses interactions avec les autres et de la dynamique générale ainsi suscitée. Internet et le Web apparaissent aujourd'hui au centre de cette dynamique générale. C'est grâce à Internet et au Web que se développent aussi l'interconnexion, la dématérialisation, la décentralisation, la personnalisation, l'universalisation, l'interpénétration, et l'accélération.

# Conclusion

A travers la réflexion sur Internet, nous avons entrevu les grandes forces qui structurent notre monde. Internet, création toute récente inspirée par la dynamique du vivant, symbolise bien notre inscription dans une évolution multi-millénaire en train de s'accélérer vertigineusement.

Les Sept Piliers, les sept principes, que nous avons identifié ne sont pas nés seulement d'Internet. Ils fournissent une grille d'interprétation à valeur universelle qui peut être appliquée aussi bien à l'histoire passée qu'à de multiples domaines, bien éloignés des nouvelles technologies de l'information. Pourtant, à l'aube du XXI° siècle, ils prennent une acuité particulière. Ce qui s'annonce en effet, c'est une hyper-interconnexion, une hyper-dématérialisation, une hyper-décentralisation, une hyper-personnalisation, une hyper-universalisation, une hyper-interpénétration, une hyper-accélération.

La civilisation Internet sera une civilisation de « l'hyper », une « **hyper-civilisation** ».

En somme, il ne s'agit pas d'une rupture aussi complète qu'il pourrait paraître avec le proche passé ; mais d'une amplification sans précédent par son intensité et par son rythme, et qui, du coup, va bouleverser en profondeur nos références, nos comportements, et nos actions.

# DEUXIEME PARTIE

# DEMAIN, C'EST AUJOURD'HUI !

# Demain, c'est aujourd'hui !

On peut sans doute rêver à notre avenir ou conduire une réflexion prospective sur les 20 à 30 prochaines années, en imaginant et en supposant quantité de choses radicalement nouvelles. Mais il semble bien que les bouleversements qui commencent à prendre place aujourd'hui soient tellement puissants, tellement révolutionnaires qu'ils vont durablement imprimer leur marque sur les décennies à venir. Bien analyser ces bouleversements, bien prendre la mesure de ce qui se passe sous nos yeux en ce moment même, est donc sans doute plus pertinent et plus passionnant que de se lancer dans des utopies sans fondements.

Sans se laisser abusivement porter par la symbolique du nouveau millénaire et du nouveau siècle, (nous avons souvent tendance à considérer à plus ou moins juste titre que nous sommes toujours à un tournant de l'histoire, à l'aube d'une nouvelle ère, etc...), force est de constater que c'est la première fois que nous sommes confrontés à une telle convergence d'interconnexion, de dématérialisation, de décentralisation, de personnalisation, d'interpénétration, d'universalisation et d'accélération.

La dynamique d'interaction réciproque entre les inventions majeures, les révolutions technologiques, et l'environnement intellectuel, culturel, social, et économique s'accélère en certaines périodes clefs de l'histoire de l'humanité pour déboucher sur de nouvelles formes de civilisation. Il en a été ainsi pour l'invention de l'agriculture qui a donné naissance à une société à base fondamentalement agraire qui s'est poursuivie jusqu'à ce que la révolution industrielle constitue à son tour un nouveau modèle de civilisation. Aujourd'hui, avec Internet et les nouvelles technologies, nous sommes en train d'entrer à vive allure dans la « Troisième vague » de civilisation, qu'avait annoncée Toffler. Une société fondée sur une économie de l'immatériel et la mise en réseau de l'information, de la connaissance, de l'intelligence. Ce bouleversement n'est pas seulement technologique, il n'est pas seulement économique, il n'est pas seulement social, il est aussi culturel : nos références, nos manières de penser sont appelées à changer profondément.

C'est pourquoi demain, c'est déjà aujourd'hui. C'est pourquoi, l'avenir est déjà là en ce moment même, préfiguré par un lieu emblématique, la Silicon Valley, et par le démarrage de nouvelles activités et l'établissement de nouvelles règles du jeu incarnées dans ce qu'on nomme la « Nouvelle Économie ».

# Chapitre VIII

# La Silicon Valley, incarnation des Sept Piliers et de leur étroite interaction

Le fonctionnement de la Silicon Valley incarne parfaitement la dynamique des Sept Piliers du XXI° siècle.

*La Silicon Valley est un véritable emblème de :*

- **L'interconnexion**

La Silicon Valley n'est pas une simple collection d'entreprises ni de brillantes individualités, c'est un véritable écosystème économique qui fonctionne en réseau et repose sur la densité et l'intensité des liens qui relient ses différents acteurs : l'université (Stanford), les jeunes entreprises high-tech qui démarrent (les « start-ups »), les grandes entreprises (Hewlett-Packard, Intel, Xerox-Parc[113], Sun, Apple, Oracle,…), les firmes de capital risque (Kleiner & Perkins), les services de marketing et de promotion ( Mac Kenna ), etc… A la différence de la Route 128 près de Boston qui s'est constituée autour de grandes entreprises relativement autarciques, la Silicon Valley repose sur l'interconnexion de myriades d'entreprises diversifiées. Cette interconnexion se réalise à travers une multiplicité de réseaux formels (American Electronics Association, Semiconductor Equipment and Materials Ins-

---

[113] Xerox Palo-Alto Research Center, le centre de recherche de Xerox est à l'origine de multiples innovations, dont celle de la souris.

titute,…) qui apportent une assistance technique et managériale de qualité aux PME et aux entreprises nouvelles ; et surtout à travers les réseaux informels de rencontres et de bavardage mêlant vie professionnelle et vie sociale.

- **La dématérialisation**

La Silicon Valley doit son nom au silicium (silicon en anglais), utilisé pour fabriquer des semi-conducteurs. A la différence de l'ancienne ruée vers l'or, à l'origine de San Francisco tout proche, l'extraordinaire richesse de la Silicon Valley[114] ne repose pas sur l'extraction physique du silicium, matériau des plus banals, mais sur la concentration de matière grise qui s'est constituée autour de la révolution technologique initiée par l'utilisation des semi-conducteurs dont le silicium constitue le matériau de base)[115]. La Silicon Valley est l'incarnation vivante de l'économie de l'immatériel et de la société cognitive. Ceci se traduit notamment par la prédominance écrasante des activités de conception, de création et d'innovation ; par une évolution du champ d'activité des nouvelles entreprises vers des productions de plus en plus « soft ». L'histoire de la Silicon Valley commence avec les appareillages électroniques d'Hewlett Packard et se poursuit aujourd'hui avec les navigateurs Internet (Netscape) et les sites portails (Yahoo). A travers ses mythes fondateurs (notamment celui de l'entreprise crée dans un garage (HP, Apple) ou dans une caravane (Yahoo), la mobilité et la flexibilité des structures matérielles de ses entreprises, la

---

[114] Sur un territoire d'un peu moins de 4.000 Km² (1.500 Miles²) et avec un peu plus de 2 millions d'habitants, la Silicon Valley produit en moyenne 64 nouveaux millionaires en $ par 24 heures (en tout 250.000 millionnaires en 1998) et si elle était un Etat indépendant, elle ferait partie des 12 plus puissantes économies nationales du monde (cf. "The Silicon Boys" par David Kaplan, Editions Morrow, New York 1999)

[115] Le silicium qui est extrait du dioxyde de silicium, (SiO²) constituant principal du sable, une fois convenablement traité, a la propriété d'être tantôt conducteur d'électricité, tantôt isolant. D'où l'appellation semi-conducteur. Les semi-conducteurs sont à la base des transistors eux-mêmes intégrés par centaines de milliers dans les puces électroniques et les microprocesseurs.

Silicon Valley constitue un terrain particulièrement fertile pour les entreprises « virtuelles » c'est à dire des entreprises qui ne s'encombrent pas de nombreux bâtiments « en dur » et qui externalisent au maximum leur production en la confiant à des sous-traitants et à des partenaires.

- **La décentralisation**

Dans un environnement sans tradition industrielle antérieure, les premiers entrepreneurs de la Silicon Valley cherchèrent explicitement à éviter les structures hiérarchiques et bureaucratiques bien avant que ce style de management ne soit à la mode. Hewlett et Packard ainsi que le co-fondateur d'Intel, Robert Noyce, basèrent l'organisation de leurs entreprises sur des principes de transparence et d'ouverture (partage de l'information[116], absence de distinction hiérarchique et de formalisme), de travail en équipe, et de décentralisation. HP par exemple, s'efforça de préserver au fur et à mesure de sa croissance la flexibilité et la réactivité d'une jeune entreprise en constituant des unités semi-autonomes par type de produits et de clients. Si une de ces unités venait à croître au point de devenir trop grosse, elle était fragmentée en plus petites unités. Les décisions importantes n'étaient pas prises d'une manière centralisée et exclusive par la haute hiérarchie, mais en collaboration avec les différentes unités centralisées. Quand Sun, fabricant de stations de travail, devint une entreprise pesant plus de 3 millions et demi de dollars en 1990, elle lança une réorganisation radicale visant à « apporter le marché au sein même de l'entreprise » et se fragmenta en cinq « planètes » ayant chacune pleine responsabilité pour leurs profits et pertes et ayant chacune leur propre force de vente pouvant même entrer en concurrence entre elles.

---

[116] « Nous devons préserver à tout prix notre très haute intensité de communication interne qui fait notre force. » Un cadre de Hewlett-Packard cité par AnnaLee Saxenian in « Regional Advantage » Harvard University Press, 1994, 1998.

- **La personnalisation**

La Silicon Valley apparaît comme le terrain idéal de la réussite individuelle. Elle possède aussi bien ses héros em-
blématiques et médiatiques, Steve Jobs (Apple), Jim Clark
et Marc Andreessen (Netscape), Jerry Yang (Yahoo), que
des milliers de personnes qui se comportent comme autant d'entrepreneurs potentiels. Au sein même des entreprises, c'est l'esprit d'initiative et de responsabilité personnelle qui est mis en avant. Le modèle de management
de Hewlett Packard (« the HP way ») repose sur la
confiance dans la motivation de chaque individu, un haut
degré d'autonomie accordé à chaque personne, l'octroi à
chacun d'une participation généreuse aux bénéfices. « C'est un style de management participatif qui implique et même exige de la liberté et l'initiative individuelle tout en mettant l'accent sur le travail en équipe et
la communauté d'objectifs[117]. » D'une manière générale, la
culture des entreprises de la Silicon Valley met l'accent
sur la liberté d'expression de chacun, quel que soit son
statut hiérarchique, et sur la performance individuelle et
non l'ancienneté. Les individus sont d'autant plus moti-
vés à travailler pour l'entreprise qu'ils bénéficient souvent
d'actions de celle-ci en quantité non négligeable et que ces
actions prennent souvent une valeur considérable en raison de la croissance rapide de l'entreprise. Pour autant, ils
demeurent fondamentalement indépendants, étant prêts à
passer du jour au lendemain dans une autre entreprise
qui leur offrira des perspectives encore plus attractives.

- **L'interpénétration**

La force de la Silicon Valley repose sur l'interpénétration
des entreprises et de l'université, des entreprises entre elles, des échanges constants entre les personnes.
C'est un professeur d'électronique à Stanford, Frederick
Terman, qui encouragea ses étudiants, et notamment

---

[117] Etude de cas d'Harvard citée par AnnaLee Saxenian.

William Hewlett et David Packard, à commercialiser leurs réalisations, à créer des entreprises, et les aida très pratiquement en les appuyant auprès des banques pour obtenir des prêts, etc.... Devenu doyen de l'école d'ingénieurs après la seconde guerre mondiale, Terman s'efforça de systématiser les relations entre Stanford et les entreprises locales et lança 3 initiatives clefs dès les années 1950 : des programmes de recherches appliquées en partenariat avec l'industrie à travers le Stanford Research Institute, un programme de formation permanente de haut niveau pour les ingénieurs des entreprises locales, un parc d'activité high tech, le Stanford Industrial Park, situé à proximité immédiate de l'université de manière à faciliter les contacts.

L'interpénétration des entreprises entre elles découle notamment de l'idée qu'il est plus économique et plus rapide de s'organiser à travers un réseau d'entreprises spécialisées indépendantes ("intégration horizontale") que de prétendre internaliser le maximum de fonctions ("intégration verticale"). Elle se traduit par la porosité et le brouillage des frontières respectives. Les fournisseurs deviennent plus que des sous-traitants classiques mais des partenaires qui coopèrent à la conception du produit et qui constituent des équipes mixtes avec celles du donneur d'ordre. Dès lors, "il devient difficile de distinguer où s'arrête notre entreprise et ou commence celle du fournisseur"[118]. Un haut niveau de confiance entre partenaires est ainsi requis et développé. Mais il n'empêche pas l'indépendance, car chaque entreprise - qu'elle soit cliente ou fournisseur - est consciente qu'elle ne doit pas tomber dans une trop forte dépendance qui la rendrait vulnérable.

L'interpénétration s'effectue également par le biais des individus : par les multiples échanges d'informations qu'ils pratiquent à travers une culture de concurrence et de coopération simultanée, par la fertilisation croisée qu'ils

---

[118] Propos recueilli par AnnaLee Saxenian.

génèrent à travers leur passage fréquent d'une entreprise à une autre, d'une fonction à une autre, et par leur sentiment d'appartenir à une même communauté technologique.

- **L'accélération**

La Silicon Valley est un milieu éminemment rapide, mobile, voire volatil. Et elle fait de cette vitesse et de cette souplesse d'adaptation un atout décisif et fort apprécié. « Les décisions qui demandent six semaines à Boston, sont prises entre 6 jours et 6 nano-secondes à Cupertino ». Il est rare qu'un même employé reste plus de trois ou quatre ans dans la même entreprise. Grâce à l'organisation faiblement hiérarchique des entreprises, à la multiplicité et à l'intensité des réseaux, à une culture d'échange et de coopération, la diffusion de l'information s'effectue très rapidement au sein et à l'extérieur des entreprises. Les nouvelles entreprises peuvent trouver rapidement leurs fournisseurs, leurs financement, démarrer ainsi très vite, et être capable de réduire le délai entre la conception et la mise au point de leur innovation et sa mise sur le marché. Dès lors, les entreprises existantes et les nouvelles entreprises sont prêtes à payer des coûts élevés en salaires, en terrain, etc… parce que la rapidité de fonctionnement de la Silicon Valley leur procure un avantage concurrentiel essentiel. Les individus sont attirés par la Silicon Valley parce qu'ils y ont plus qu'ailleurs l'espoir de devenir riches du jour au lendemain. Dans son ensemble la Silicon Valley a connu une croissance particulièrement rapide (109 établissements high-tech en 1959, 4.063 en 1992) éclipsant ainsi au passage l'autre pôle technologique de la côte est des États-Unis, la Route 128.

- **L'universalisation**

Pôle d'excellence mondiale, la Silicon Valley est le lieu où se construit « la plus grande création de richesse légale sur terre » selon l'expression de John Doerr, éminent

« capital-risqueur ». Le capital-risque qui a fait de la Silicon Valley sa terre d'élection[119] se focalise sur les innovations technologiques, les « killer apps », capables par leur dynamique révolutionnaire de se répandre à toute vitesse dans le monde entier et dans tous les domaines d'activité. La généralisation de l'électronique, de l'informatique, d'Internet et du Web a été largement alimentée par la Silicon Valley et celle-ci a profité en retour de cette diffusion pour inventer, exploiter, et propager partout de nouvelles opportunités, de nouveaux produits, de nouveaux services, en multipliant les nouvelles entreprises[120].

Enfin, la Silicon Valley est devenue elle-même, une référence, un modèle universel, que beaucoup de pays et de régions s'efforcent de reproduire (sans toujours en avoir suffisamment compris et pris en compte les spécificités).
Le fonctionnement de la Silicon Valley traduit bien aussi la dynamique d'interaction qui joue entre les 7 piliers et leur cohérence. C'est parce qu'il existe une bonne interconnexion et une bonne interpénétration entre des éléments décentralisés et autonomes qu'il s'agisse des organisations (entreprises, université,..) ou des individus (travail en équipe dans un esprit de coopération compétitive) que les informations circulent vite et bien. C'est parce que les acteurs sont en même temps autonomes et responsa-

---

[119] Il est intéressant de préciser que les « capital-risqueurs » de la Silicon Valley ne proviennent guère du monde de la banque mais sont le plus souvent des entrepreneurs ayant une formation d'ingénieurs, et qui ayant fait fortune avec leur première entreprise souhaitent combiner le désir de faire fructifier leur richesse avec leur passion pour la création de nouvelles entreprises (cf. les parcours professionnels de Kleiner, Perkins, Clark, Doerr, décrits avec précision dans « The Silicon Boys » de David Kaplan.

[120] Le marché mondial des semi-conducteurs est passé de 88 milliards d'unités en 1984 à 260 milliards d'unités en 1997, soit un accroissement de près de 200%. Si la Silicon Valley a du abandonner une large partie des marchés de masse des semi-conducteurs standardisés à ses concurrents japonais, elle a su rebondir en privilégiant l'innovation et la création de produits originaux, créateurs de fortes valeurs ajoutées et de gros profits.

bles (personnalisation) qu'ils peuvent s'adapter rapidement et avec pertinence aux changements. C'est parce que
sa spécialisation économique repose sur une économie de
l'immatériel, de la connaissance, et de la créativité que la
Silicon Valley peut mettre au point des applications révolutionnaires de portée universelle et être à la pointe des
percées technologiques toujours plus rapides.

La Silicon Valley ne serait elle pas ainsi la préfiguration
d'une « Nouvelle Économie » ?

# Chapitre IX

# De l'économie d'Internet à la Nouvelle Économie

*Internet, le Web, et les nouvelles technologies de l'information et de la communication représentent un secteur économique en pleine croissance occupant une part de plus en plus importante de l'économie mais c'est aussi l'ensemble de l'économie qui devient progressivement une « économie numérique », qui « s'internétise », et qui dès lors devient une « Nouvelle Économie».*

## Le secteur économique Internet

Internet représente d'abord un secteur d'activité économique particulier en pleine expansion. Le Centre de recherche sur le commerce électronique de l'université du Texas, a essayé de caractériser ce secteur et à l'occasion d'une récente étude réalisée pour le compte de Cisco, auprès de plus de 3.000 entreprises, a identifié quatre grandes couches superposées constituant le secteur économique d'Internet :

## Couche n°1 : l'infrastructure d'Internet

Cette couche comprend les entreprises dont les produits et services servent à créer l'infrastructure des réseaux fondée sur les protocoles Internet.
Ce sont notamment :
➢ Les fournisseurs de lignes de télécommunications constituant l'épine dorsale d'Internet, MCI Qwest, … (en France, France Télécom par exemple).
➢ Les fournisseurs d'accès à Internet, AOL, (en France, Wanadoo, Club Internet, par exemple….).
➢ Les équipementiers fournisseurs de solutions matérielles et logicielles de réseaux ( routeurs…) : Cisco, 3Com…
➢ Les fabricants d'ordinateurs : Dell, Compaq, HP…

## Couche n°2 : les applications informatiques d'Internet

Les produits et les services de cette couche se superposent à la couche précédente et permettent de faire des affaires sur Internet.
Ce sont notamment :
➢ Les fournisseurs d'applications commerciales, par exemple, Microsoft , IBM…
➢ Les fournisseurs d'applications multimédia, Realnetworks…
➢ Les fournisseurs de moteurs de recherche, Alta Vista, Inktomi…

## Couche n°3 : les intermédiaires d'Internet

Les intermédiaires d'Internet augmentent l'efficacité des marchés électroniques en facilitant la rencontre et l'interaction des acheteurs et vendeurs sur Internet.
Ce sont notamment :
➢ Les courtiers en ligne, par exemple eTrade, Schwab.com,
➢ Les agences de voyages sur Internet, Travelweb, Dégrifftours…
➢ Les fournisseurs de portails et de contenu, Yahoo, Excite….

## Couche n°4 : les entreprises de commerce électronique

Cette catégorie comprend les vendeurs de produits et de services aux particuliers et aux entreprises sur Internet.
Ce sont notamment :
➢ Les détaillants comme Amazon.com, eToys,
➢ Les industriels vendant sur Internet : Cisco, Dell, IBM
➢ Les compagnies aériennes vendant directement leurs billets sur Internet
➢ Les vendeurs de services professionnels et de distraction.

Note : beaucoup d'entreprises peuvent intervenir simultanément à différents niveaux.

L'ensemble de ce secteur Internet a acquis en 5 ans, aux États-Unis, depuis l'introduction du Web, un poids comparable en chiffre d'affaires à celui de secteurs d'activités presque vieux d'un siècle comme ceux de l'énergie, des télécommunications et de l'automobile. Il représente en 1998 plus d'un million d'emplois.

| | Chiffre d'affaires en milliards de $ en 1998 | Nombre d'emplois créés en 1998 |
|---|---|---|
| Couche n°1 : Infrastructures Internet | 115 | 372 000 |
| Couche n°2 : Applications informatiques d'Internet | 102 | 482 000 |
| Couche n°3 : Intermédiaires/créateurs de marchés Internet | 58 | 252 000 |
| Couche n° 4 : Entreprises de commerce électronique | 56 | 231 000 |
| Total brut | 331 | 1 337 000 soit 40% du total des emplois américains créés en 1998 |
| Total moins doublons[121] | 301,4 | 1.204.000 |

[121] Comme des entreprises appartiennent à plusieurs couches à la fois, des doublons se produisent lorsque les couches sont purement et simplement additionnées.

En examinant ce tableau, on voit que, dans la phase actuelle d'Internet, les entreprises qui pèsent le plus en terme de chiffre d'affaires et d'emplois ne sont pas forcément les plus en vue comme Amazon.com par exemple mais celles qui construisent l'infrastructure matérielle et logicielle d'Internet, celles qui sont les équipementiers d'Internet comme Cisco par exemple.

En effet, l'explosion de croissance d'Internet (10 000 nouveaux sites Web par jour et 3,5 milliards d'e-mails quotidiens pendant le premier trimestre 1999) suscite une demande considérable d'investissements dans les infrastructures. Selon des analystes, les États-Unis ne sont encore qu'au tiers du chemin pour construire une infrastructure Internet satisfaisante. Le président d'AOL Interactive Services déclare que si le Web ne devient pas plus rapide et encore plus facile à utiliser, le flux des nouveaux acheteurs sur le Web risque de se tarir. C'est pourquoi AOL va dépenser des sommes très importantes dans les quatre prochaines années pour améliorer son réseau.

Pour autant, les analystes prévoient pour l'avenir une expansion encore beaucoup plus grande de la couche des intermédiaires et des créateurs de marché sur Internet (même si parallèlement Internet conduit à la disparition de nombreux intermédiaires traditionnels) et des entreprises de commerce électroniques.

L'étude de l'université du Texas révèle ainsi que le commerce électronique des États-Unis est beaucoup plus important aujourd'hui que ce que les premières prévisions ne l'avaient estimées ; que le secteur économique d'Internet aux États-Unis croît à un rythme époustouflant (175 % par an) et que aujourd'hui, ce seul secteur, s'il était considéré comme un pays, occuperait déjà le 18ème rang mondial entre la Suisse et l'Argentine.

Il faut souligner que cette définition du secteur économique d'Internet est restrictive dans la mesure où elle est loin d'inclure tous les éléments de l'économie de l'information et de la communication résultant de la convergence numérique des télécommunications, des médias, des industries de loisirs (films, musique, etc ...) et d'Internet.

# L'économie numérique

L'économie « numérique » va donc bien au delà du strict secteur économique d'Internet. Le chiffre d'affaires de l'industrie du multimédia était en 1998 aux États-Unis vraisemblablement quatre fois supérieur à celui du secteur Internet (1.120 milliards de dollars pour le multimédia[122], 300 milliards de dollars pour le secteur Internet[123]). Cette « Économie Numérique » plus vaste que le strict secteur économique d'Internet, peut être représentée à travers cinq grands secteurs d'activité : télécoms, informatique, commerce électronique, mass médias, services aux entreprises :

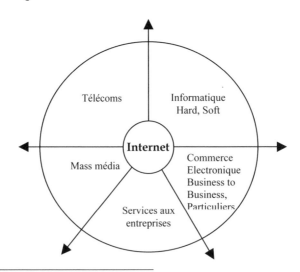

---

[122] Selon les estimations prévisionnelles citées par Don Tapscott dans The Digital Economy, Mc Graw- Hill, 1995.

[123] Cf. chiffres ci-dessus de l'étude de l'Université du Texas pour Cisco.

L'évolution de l'économie numérique risque de connaître vraisemblablement un double mouvement :

- Un mouvement d'extension et de diffusion du secteur Internet au sein de chacun des grands secteurs de l'économie numérique : télécoms, informatique, mass médias, services aux entreprises ; Le commerce électronique relevant d'ores et déjà en totalité du secteur Internet.

- Un mouvement de diminution de la part relative des télécoms et de l'informatique (même si leur croissance continue en valeur absolue) au fur et à mesure de la maturation de la croissance de l'infrastructure matérielle d'Internet.

Ce double mouvement peut être illustré en comparant le graphique précédent au graphique ci-dessous :

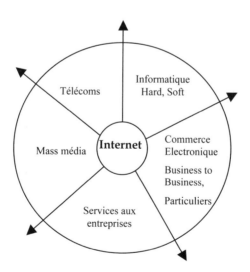

*L'emboîtement des échelles*
*depuis le secteur économique Internet*
*jusqu'à la Nouvelle Économie*

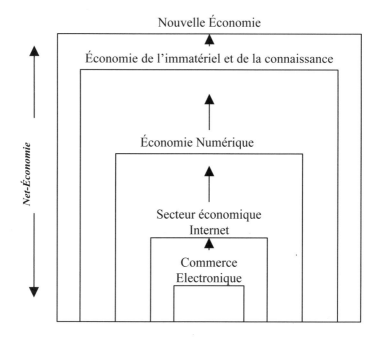

A noter que l'expression « Net-Économie » peut être entendue dans un sens restrictif : l'économie du secteur Internet, mais elle désigne aussi souvent l'économie en général telle qu'elle est de plus en plus en train d'être façonnée par Internet et le Web.

# L'apport d'Internet à l'ensemble de l'économie : réduction de coûts, gains de productivité, nouveaux marchés

*Internet est un secteur économique en pleine expansion dans la mesure où il sert l'ensemble de l'économie et apporte aux particuliers comme aux entreprises des opportunités sans précédent de réduction de coûts, de gains de productivité, de nouveaux marchés.*

## Réduction de coûts d'achat

Le Web permet aux entreprises et aux particuliers d'élargir considérablement l'éventail de leurs fournisseurs en allant bien au delà des fournisseurs de proximité et des fournisseurs habituellement connus. Ils disposent ainsi d'un choix plus grand et se trouvent donc ainsi dans une situation plus avantageuse en faisant jouer à fond la concurrence à l'échelle mondiale. Ceci entraîne une diminution très substantielle des coûts d'achat.

Une étude très fouillée présentée par Éric Brynjolfsson et Michael Smith du MIT à la conférence sur l'économie numérique tenue le 25 Mai 1999 à Washington montre que des livres et des CD vendus sur Internet coûtent entre 9 et 16% moins cher que des livres et des CD identiques vendus à travers les réseaux de distribution classiques, cette différence prenant en compte les coûts de transport et de livraison imputables à Internet.

En outre, le Web abaisse substantiellement le coût de la recherche d'information sur les produits et sur les fournisseurs grâce à des logiciels et des agents intelligents qui, sur certains sites Web, permettent de comparer automatiquement prix et produits.

Enfin, le Web permet de réduire considérablement les coûts de transaction entre le fournisseur, une fois celui-ci déterminé, et l'acheteur, en éliminant la paperasserie et en fonctionnant en temps réel.

Le Web apparaît donc effectivement comme un facteur clé d'un « commerce sans frottements ».

Le Web se rapproche ainsi potentiellement des caractéristiques du marché presque parfait de la théorie économique classique, très rarement observable dans la réalité jusqu'à présent.[124]

Si la notoriété des marques et la réputation des grandes entreprises continuent à l'évidence de jouer un rôle clé, si la différenciation croissante des produits par l'innovation et par la personnalisation continuent de rendre difficile leur comparaison, il n'en reste pas moins que le Web possède un pouvoir égalisateur certain. Ceci en gommant à certains égards les différences :
- entre les grandes et les petites entreprises,
- entre les clients professionnels et d'autres moins avertis,
- et surtout entre les acheteurs et les vendeurs.

## De la diminution constante des prix jusqu'à la gratuité ? Vers un nouveau modèle économique ?

Pour les produits et les services numériques liés à l'informatique, à Internet et à l'information, on observe une baisse constante des prix et une multiplication des offres gratuites. Ceci aussi bien pour des microprocesseurs (cf. la baisse régulière du prix des Pentium d'Intel) et des

---

[124] Caractéristiques déjà évoquées dans le chapitre sur la décentralisation.

ordinateurs (promotion d'ordinateurs puissants à moins de 4.000 francs lors de la rentrée 1999), que pour l'accès au Net (multiplication des offres d'accès gratuit), que pour des télécommunications (baisse particulièrement forte des tarifs internationaux et longue distance, offre de téléphones portables gratuits), et que pour les services d'information en ligne (le modèle payant du Minitel cède progressivement la place devant la prédominance écrasante de l'information gratuite sur le Web). Ceci s'explique par un double mouvement :
- une baisse rapide et extraordinaire des coûts de production et de diffusion
- des perspectives d'augmentation rapide de chiffre d'affaires liées à des perspectives de croissance rapide de la demande

Baisse rapide et extraordinaire des coûts de production et de diffusion
Ce sont les incroyables gains de productivité de l'industrie informatique qui permettent d'obtenir ces baisses de coûts régulières, l'exemple classique étant celui des microprocesseurs dont Moore avait prévu qu'ils diminueraient de moitié tous les 18 mois. Mais c'est également le cas dans les télécommunications avec les progrès technologiques foudroyants en matière d'augmentation de la bande passante, qui permet de multiplier considérablement le nombre de communications simultanées. Par rapport à l'économie traditionnelle où l'on est habitué à ce que l'amélioration de la performance d'un produit se traduise par une augmentation de prix, dans la « Net-Économie » la qualité d'un produit augmente alors même que son prix diminue.

Ce sont les technologies numériques et leur vertu dématérialisante qui permettent à l'information d'être reproduite quasi à l'infini, en millions d'exemplaires, pour un coût absolument dérisoire voire complètement gratuit (cf. par exemple la diffusion de musique sur Internet à travers la norme MP3, cf. prochainement l'avènement de logiciels d'application fournis gratuitement sur Internet à l'instigation d'entreprises comme Sun).

<u>Perspectives d'augmentation rapide du chiffre d'affaires</u>
Si des producteurs en viennent à proposer des services et des produits gratuits, c'est parce qu'ils espèrent drainer un maximum de clients vers des services payants liés aux services gratuits. Il en va ainsi des offres qui proposent un matériel gratuit (ordinateurs, téléphones portables…) en échange d'un abonnement à un service payant (accès à Internet, forfaits téléphoniques…) ; ou réciproquement un service gratuit (accès à Internet) fourni à l'occasion de l'achat d'un matériel (ordinateur). En effet, acquérir des clients selon des techniques de marketing classique coûte souvent plus cher que de leur offrir un service ou un produit gratuit. Cette constatation s'applique à tout objet dont le coût de duplication devient inférieur aux avantages procurés par la conquête de clients à travers leur adhésion à un réseau. Dès lors, comme le soulignent Kevin Kelly et Paul Krugman on assiste à une inversion des courbes traditionnelles d'offre et de demande. Alors que dans l'économie classique l'augmentation du prix d'un produit incitent ses producteurs à accroître leur offre, dans la « Net-Économie », la baisse du prix d'un produit génère une augmentation de son offre parce que l'enjeu est de gagner rapidement le maximum de clients et de susciter un effet d'auto-renforcement.

« Porté depuis ses origines par des aspirations généreuses et altruistes, le modèle Internet ne fait jamais autant d'heureux que lorsqu'il reste fidèle à sa logique de gratuité. En réalité, plus la Toile se développe, plus la « Net Économie » va se rapprocher du modèle de la radio - que l'on reçoit gratuitement et dont les coûts sont pris en charge par la publicité[125]. »

« Si Internet compte de plus en plus d'adeptes, ceux-ci sont aussi de plus en plus nombreux à consommer sur le Web : 40% des internautes ont acheté en ligne en 1998, 78% ont l'intention de le faire en 1999. Et le shopping, ce n'est pas gratuit ![126] »

« En un peu plus de six mois, Dixons a raflé près de 50% du marché britannique de l'accès au Net en proposant un accès gratuit. Avec près de 1,5 million de clients, il est utilisé par deux fois plus d'internautes que la filiale anglaise du leader mondial, America Online. Les actionnaires de Dixons croient beaucoup - trop ? - au potentiel de cette activité, et ils ont racheté des titres du groupe par brassées, multipliant ainsi le cours de l'action par trois depuis le mois de septembre 1998[127]. »

# Gains de productivité

Les gains de productivité dépendent directement de l'organisation interne de l'entreprise. Or celle-ci peut être fortement améliorée par de nouveaux processus exploitant à fond les possibilités offertes par le Web et par l'informatique.

Trois sources de gains de productivité apparaissent grâce à la numérisation des données et des informations et à l'automatisation qui en découle :

---

[125] Laurence Beauvais in L'Essentiel du Management, Juillet 1999.
[126] Idem.
[127] Frédéric Thérin in L'Essentiel du Management, Juillet 1999.

- des décisions plus rapides et plus pertinentes ;
- des tâches routinières effectuées mieux et plus vite permettant au personnel de se consacrer à des tâches plus complexes ;
- une adaptation aux besoins spécifiques de chaque utilisateur et une meilleure circulation et un meilleur partage de l'information et de la connaissance.

## Des décisions plus rapides et plus pertinentes

Qu'il s'agisse de production, de marketing, de relations clients, l'enjeu pour l'entreprise est de bien connaître son environnement et l'état de son fonctionnement propre pour pouvoir prendre à tous les échelons concernés des décisions adéquates permettant de diminuer les coûts internes et de maximiser la production dans le respect de la qualité. Pour cela, l'entreprise a besoin d'un **système nerveux** performant. La révolution numérique et Internet permettent précisément d'améliorer considérablement les performances de ce système nerveux.

*Comment ?*
❑ En réduisant au maximum les documents sur papier et en favorisant les saisies numériques qui ont l'avantage :
  - de faire gagner du temps ;
  - d'éviter des erreurs et des doublons (saisies multiples et répétées) ;
  - d'économiser des sommes considérables (par exemple le traitement d'une commande sur papier coûte selon des analystes comptables 30 fois plus cher qu'un traitement directement informatisé) ;
  - de permettre une intégration directe des données dans les flux d'informations numérisées de l'entreprise : « Un chiffre sur une feuille est une im-

passe ; un chiffre informatisé est le point de départ d'une réflexion et d'une action profitable[128] ».

❑ En multipliant à très faible coût les capteurs, les senseurs, qui transmettent automatiquement des données et des informations numérisées : codes barres sur les produits permettant par exemple de connaître immédiatement et d'une manière très détaillée le caddie de la ménagère, l'état des ventes, l'état des stocks ; puces électroniques renseignant sur le nombre et la qualité de la production ; « cookies » sur Internet indiquant le cheminement des internautes et leurs préférences... .

❑ En utilisant les capacités toujours croissantes des ordinateurs et des logiciels :
- à stocker et à trier ces données et ces informations brutes, notamment dans de gigantesques « entrepôts de données » (datawarehouses) ;
- à traiter d'une manière de plus en plus sophistiquée et en temps réel ce foisonnement et cette énorme masse de données et d'informations à travers des bases de données, des logiciels de « data mining », des systèmes experts, des agents intelligents, des systèmes d'aide à la décision tels que les logiciels de gestion intégrés («enterprise ressources planning »).

## Des tâches routinières effectuées mieux et plus vite

Le grand avantage de la numérisation, c'est qu'elle permet l'automatisation qui elle même génère un traitement instantané et intégré des données et des informations. Un traitement humain des données ne sera jamais capable d'atteindre la vitesse et la sécurité procurées par une sai-

---

[128] Bill Gates, « Le travail à la vitesse de la pensée », Robert Laffont, 1999.

sie et un traitement automatique des données. Si par exemple, le routage des paquets de messages utilisés pour le fonctionnement d'Internet devait être effectué manuellement, Internet ne pourrait pas exister parce que ce routage manuel prendrait un temps relativement considérable qui disqualifierait le système. En revanche, c'est parce que ce routage est effectué automatiquement par des ordinateurs qui dispatchent immédiatement à travers l'ensemble du réseau les paquets de messages en fonction de leurs adresses, qu'Internet peut fonctionner et que les pages Web peuvent s'afficher dans un délai raisonnable sur l'écran.

D'une manière analogue, c'est l'automatisation de la saisie et du traitement des données qui permet à l'entreprise de faire fonctionner un système d'informations très détaillé et très étendu en temps réel (« *C'est parce que c'est automatique que c'est instantané* »), et à un coût unitaire extrêmement faible[129].

## Un personnel se consacrant à des tâches plus complexes

La numérisation et l'automatisation qu'elle entraîne permettent de décharger le personnel de tâches répétitives et mécaniques et lui donne la possibilité de se consacrer à des tâches plus complexes et plus créatives. Autrement dit, de s'élever dans les degrés de la chaîne de la connaissance évoquée au Chapitre II. Cet enrichissement des tâches du personnel conduit naturellement à une producti-

---

[129] La saisie et le traitement numérique des données de l'entreprise obéissent au mouvement d'asymptote vers la gratuité qui a déjà été évoqué. Le coût d'obtention d'une donnée, d'une information, décroît à un point tel qu'il frôle la gratuité. Mais le nombre de données et d'informations collectées et traitées devient tel (en raison notamment de leur faible coût unitaire de traitement) que le coût global n'est pas complètement négligeable.

vité fortement accrue grâce à un temps désormais consacré à des activités à plus haute valeur ajoutée.

## Une adaptation aux besoins spécifiques de chaque utilisateur

De la même manière que l'entreprise s'organise de plus
en plus autour du client, la révolution numérique et le
Web permettent d'adapter les données et les informations
aux besoins spécifiques de chaque employé.

Le prodige accompli par les bases de données, les tableurs, les liens hypertexte, les moteurs de recherche, les
agents intelligents et autres logiciels, c'est d'apporter un
angle d'attaque, une perspective, propres à chaque poste,
à chaque fonction (fabrication, marketing, finance, relations commerciales...), et à chaque utilisation, à partir
d'un même ensemble de données et d'informations.

Par exemple, il est possible en utilisant un langage très
proche du langage courant d'extraire d'une **même** base de
données :
❑ des informations ponctuelles relatives :
   - à un produit (prix, état du stock, état des ventes...) ;
   - à un client (produits achetés, valeur des commandes
     passées, profil de consommation...) ;
❑ des informations agrégées (situation de l'ensemble des
   stocks et des ventes, état de la trésorerie,...) :
   - au niveau global de l'entreprise ;
   - au niveau de secteurs géographiques,
     d'établissements, etc... .

## Une meilleure circulation et un meilleur partage de l'information et de la connaissance

Pour pouvoir exploiter d'une manière optimale données, informations, et connaissances, il est nécessaire d'établir des interconnexions entre les différentes sources au sein d'une même entreprise et à l'extérieur de celle-ci. Or, de nombreux cloisonnements existent entre les différents départements, divisions, secteurs d'une même entreprise qui utilisent souvent des ordinateurs et des logiciels pas toujours compatibles entre eux malgré des efforts de standardisation. La révolution qu'apportent Internet et le Web réside dans le dépassement de ces cloisonnements grâce à l'utilisation des protocoles de communication universels que sont les protocoles Internet et le langage HTML du Web.

D'où l'explosion des Intranets, c'est à dire des systèmes d'informations internes à l'entreprise et protégés des intrusions extérieures par un mur de feu, « fire wall », qui assurent la transversalité et la fluidité de la circulation de l'information dans l'entreprise.

D'où également l'explosion des Extranets, c'est à dire des systèmes d'informations partagés en communs par plusieurs entreprises et également sécurisés vis à vis de l'extérieur et qui assurent là aussi la circulation contrôlée des informations au sein des entreprises membres du groupement.

D'où enfin, l'explosion des e-mails comme moyen de communication rapide et personnalisé au sein de chaque entreprise et entre elles.

En outre, pour assurer une intégration toujours plus poussée des informations et des données dans des réceptacles (bases de données, entrepôts de données...) et dans des processus de traitement communs, des « colles logicielles » et des progiciels spécifiques existent qui permettent d'établir des articulations entre les différentes applications informatiques des entreprises.

Il est d'ailleurs significatif qu'un PDG de logiciels de gestion intégrés déclare : « Durant vingt ans, les éditeurs de logiciels se sont attachés à l'automatisation des tâches comptables, la paie, la gestion des stocks ; puis ils sont allés vers les systèmes intégrés et enfin vers les grands systèmes intégrés. Nous voyons aujourd'hui arriver la vague de la planification de la gestion de la chaîne logistique ainsi que les applications de front-office (face au client). Nous pensons qu'aujourd'hui l'objectif est de créer des logiciels intégrés de gestion qui soient réellement des logiciels inter-entreprises[130]. »

## Création de nouveaux marchés

Le Web déclenche quatre types de nouveaux marchés :
- des nouveaux marchés géographiques ;
- des nouveaux marchés correspondant à des secteurs d'activité dans lesquels l'entreprise ne s'était pas aventurée jusque là ;
- des nouveaux marchés correspondant à une déclinaison Web de l'activité traditionnelle de l'entreprise ;
- des nouveaux marchés générateurs d'entreprises nouvelles.

*Des nouveaux marchés géographiques*
Des hôteliers de la région Provence Alpes Côte d'Azur qui commercialisent des séjours dans leurs hôtels en Californie, des producteurs de vins et de fromages qui exportent leurs produits

---

[130] Déclaration aux Echos du 9 Juin 1999. Les Echos du même jour indiquent que la lettre spécialisée « Strategic Packages & Enterprises » souligne que le marché des progiciels de gestion intégrés (Enterprise Ressources Planning), évalué à près de 14 milliards de dollars en 1998, est en train de s'insérer dans celui, plus large, des « applications d'entreprises industrielles » (Industrial Enterprise Applications ou IEA) qui comprend également la planification et l'exécution de la chaîne logistique, la gestion de la maintenance, la gestion de process et les systèmes d'exécution de la fabrication. Selon le cabinet d'analyse AMR Research, le marché des IEA doit atteindre 72,6 milliards de dollars en 2002, avec une croissance annuelle moyenne de 36 %.

aux quatre coins du monde, des agents immobiliers qui prospectent des clients à l'échelle planétaire, autant d'exemples bien connus qui illustrent le principe d'universalisation évoqué au chapitre VI. Ils montrent que le Web crée un potentiel considérable pour de nouveaux marchés hors des zones de chalandise traditionnelles et rend ces marchés accessibles à de très petites PME voire à des entreprises individuelles ou des particuliers.

*Des nouveaux marchés correspondant à des secteurs d'activité dans lesquels l'entreprise ne s'était pas aventurée jusque là*
Comme on l'a vu au chapitre V avec l'interpénétration, le Web rend poreuses les barrières traditionnelles qui séparaient différents secteurs économiques et ceci particulièrement dans les domaines de plus en plus nombreux où la numérisation permet une convergence et un recouvrement des activités : télécommunications, médias, formation, loisirs culturels... Du coup, pour les entreprises les plus dynamiques, s'ouvrent de nouvelles opportunités de marché.

*Des nouveaux marchés correspondant à une déclinaison spécifiquement Web de l'activité traditionnelle de l'entreprise*
Pour une très grande majorité d'entreprises existantes qui ont déjà des activités bien constituées, le Web, en constituant un marché spécifique, offre une opportunité de décliner ces activités d'une nouvelle manière. Il faut cependant souligner que, pour être réussi, le passage au commerce électronique implique le plus souvent une refonte complète de la culture et des modes de fonctionnement traditionnels de l'entreprise. Un simple décalque des processus habituels de l'entreprise conduirait celle-ci à l'échec.

*Des nouveaux marchés générateurs d'entreprises nouvelles*
Si les entreprises existantes bénéficient sur le Web de l'image positive qui s'attache à elle lorsqu'elles ou leurs marques ont une forte notoriété, il n'en reste pas moins qu'elles se trouvent handicapées par rapport à de nouvelles entreprises démarrant directement sur le Web et qui n'ont pas à supporter les

investissements en bâtiment, en équipement, en matériel, en personnel des entreprises traditionnelles. En abaissant considérablement les coûts de transaction et les barrières à l'entrée sur le marché, le Web offre des opportunités de nouveaux marchés telles qu'elles suscitent la création de nouvelles entreprises vouées exclusivement à une activité sur le Web.

# Les limites et les freins à l'exploitation de toutes les potentialités d'Internet et du Web

*Internet et le Web sont souvent considérés comme des « lubrifiants » essentiels de l'économie donnant naissance à une nouvelle forme de capitalisme « sans friction » « sans frottements ». Mais si cette image « d'huile dans les rouages » de l'économie est effectivement fondée, l'exploitation de toutes les potentialités d'Internet et du Web se heurte elle même à un certain nombre de freins et de limites.*

Deux grands types de limites peuvent être identifiés. Un premier type est constitué par les limites « technico-techniques » (maintenance, formation, nécessaires pour que la technique fonctionne), un deuxième par les limites « socio-organisationnelles » (blocages dus aux cultures d'entreprise, situations de pouvoir, etc...).

## Les limites « technico-techniques »

Ce n'est pas parce que la puissance d'un microprocesseur va doubler tout les 18 mois que la productivité va également ment doubler au même rythme. Toute une série d'écrans, viennent en effet s'interposer entre performances brute et productivité. Plusieurs limites techniques peuvent être ainsi mises en avant.

- Les limites inhérentes à l'état actuel d'Internet et de la technique numérique
Même si elles sont en train de reculer assez rapidement en raison de progrès constants, un certain nombre de limites continuent d'exister : lenteur de consultation des pages Webs (à ses débuts le Web était surnommé le « World Wide Wait » — l'attente à l'échelle mondiale —), problèmes de confidentialité, de sécurité, information trop souvent décontextualisée, etc... .

- Les inévitables imperfections techniques. Malgré sa précision conceptuelle et méthodologique, l'informatique ne représente pas un ordre d'une rigueur absolue comme l'a souligné le magazine Wired[131]. La dimension bricolage n'est pas toujours exclue, tant au niveau du matériel que du logiciel. Par rapport à d'autres dispositifs techniques (comme l'électricité ou le téléphone), l'informatique n'offre pas toujours le même niveau de fiabilité. Comme chacun a pu l'expérimenter, les « plantages », les « bogues [132]», sont monnaie courante mêmes dans le cas de logiciels grand public et distribués mondialement.

- Le différentiel de rythme d'accroissement des performances entre matériel et logiciel : si la puissance brute du microprocesseur double, la « puissance » du logiciel, exprimée par sa vitesse et par des fonctionnalités nouvelles et supérieures, ne va pas doubler pour autant. Il est bien connu que les versions nouvelles des

---

[131] « The Myth of order », remarquable article de Ellen Ullman à propos du bogue de l'an 2000 qui a une portée véritablement philosophique, paru dans « Wired », texte consultable sur Internet.

[132] Cette expression vient de l'anglais « bug », bestiole, insecte,.... Elle a son origine dans le fait que les tous premiers ordinateurs utilisaient une telle quantité de tubes et de lampes que des papillons de nuit et autres insectes étaient attirés par la lumière et venaient se faire griller sur les tubes, les faisant exploser et obligeant ainsi à réparer la machine.

logiciels ne sont pas forcément plus rapides que les versions antérieures. Les fonctionnalités nouvelles posent la question de l'effectivité de leur utilisation. D'où les deux facteurs suivants.

- Seule une petite partie des fonctionnalités d'un matériel ou d'un logiciel est effectivement utilisée. Soit que les utilisateurs n'aient effectivement pas besoin de nombreuses fonctionnalités incorporées dans la machine ou dans le logiciel, soit que leur usage implique un tel changement d'habitude et un tel effort d'apprentissage que les utilisateurs y renoncent de fait.

- La nécessité de l'apprentissage de la maîtrise des nouveaux outils. Sans même parler de l'apprentissage collectif, organisationnel, sur lequel nous reviendrons tout à l'heure, le temps et l'énergie requis par l'apprentissage individuel représente un frein majeur et un élément de coût non négligeable.

L'ensemble de ces facteurs pèsent naturellement sur les coûts réels d'exploitaion de l'informatique. C'est ainsi que l'on a pu calculer que le coût d'achat d'un ordinateur et des logiciels associés ne représente que 20% du coût effectif d'un poste informatique dans une entreprise.

## Les limites « socio-organisationnelles »

Il y a toujours un décalage entre la technologie disponible et son utilisation effective, entre l'utilisation imaginée par le concepteur de la technologie et les utilisations réellement pratiquées par les usagers, entre les résultats attendus et les résultats effectivement enregistrés. Ce n'est pas parce que des possibilités techniques considérables existent qu'elles sont automatiquement et instantanément exploitées.

Ce serait tomber dans une illusion « techniciste » classique mais fort répandue que de considérer le Web comme un simple outil qui peut être immédiatement appliqué à des besoins spécifiques. Pour que le Web remplisse le rôle d'intégration qui lui est souvent assigné, il faut que les entreprises ne se contentent pas d'adopter des solutions techniques de mise en réseau, mais adaptent leur organisation, leur structure, leur mode de fonctionnement, leur culture, à cette nouvelle donne. Et cette adaptation est précisément difficile et délicate.

En interne comme en externe, un travail d'intégration non pas seulement technique mais **managérial et culturel** est requis pour réunir, assembler, articuler des éléments hétéroclites d'organisation, de pratiques professionnelles, de comportements, de technologie, et en faire des configurations opérationnelles. Autrement dit, il ne suffit pas de poser un câble et de vérifier que les connexions soient techniquement opérationnelles pour qu'une relation interactive s'établisse entre les personnes et les organisations concernées ; et pourtant toute une littérature laisse supposer que ces relations peuvent être immédiatement et facilement établies, alors qu'en fait leur établissement implique des négociations complexes.

D'une manière générale, le culte de la technologie tend trop souvent à la mettre exclusivement en valeur. Or, en réalité, la technologie n'a pas de valeur par elle même ; elle en a seulement quand on la met effectivement en pratique. Du coup, il semble intéressant de distinguer les **technologies à l'état pur** des **technologies effectivement utilisées**. Beaucoup d'entreprises ont concentré leur attention et leurs ressources pour se doter des bonnes technologies. Mais elles n'ont pas suffisamment pris en compte l'effectivité et la pertinence de l'usage réel. Un exemple est significatif à cet égard : dans une entreprise internationale de consultants, les directeurs avaient installé un système de travail en réseau en concentrant leurs efforts sur le déploiement technique de ce système en visant à l'intégrer dans le système d'information de l'entreprise et en le plaçant sur le bureau de chaque consultant. Ils pensaient ainsi avoir réussi leur démarche en mettant en place un nombre important de serveurs, de bases de données, etc....

En réalité, les directeurs avaient pris en compte la technologie d'une manière purement idéale ; ils n'avaient pas managé la technologie effectivement utilisée c'est à dire la manière dont les consultants se servaient réellement dans leur pratique quotidienne du système installé. Si les directeurs l'avaient fait, ils se seraient aperçus que les consultants n'utilisaient le système que pour envoyer des mémos mais absolument pas pour partager réellement des connaissances. Ce partage des connaissances entre consultants n'était tout simplement pas possible tel que, dans cette entreprise dominée par une culture de forte concurrence entre consultants. En revanche, les informaticiens de l'entreprise qui n'avaient pas cette culture individualiste utilisaient au contraire le travail en réseau pour partager leurs connaissances et leurs informations techniques.

On voit donc bien qu'Internet et le Web ne sont pas simplement des systèmes techniques mais des systèmes **socio-techniques** et que l'enjeu pour les entreprises consiste à gérer des évolutions structurelles, organisationnelles, culturelles, managériales et pas seulement des évolutions techniques.

A cet égard, une bonne part des entreprises françaises qui se distinguent de leurs homologues de l'Europe du Nord et des USA par des références culturelles hiérarchiques et individualistes ont un travail important à accomplir sur elles-mêmes pour pouvoir bénéficier effectivement des potentialités du Web.

# « L'internétisation » de l'ensemble de l'économie : la « Net-Économie »

Malgré le rappel de ces limites, le bilan avantages / difficultés, joue clairement en faveur d'Internet et des nouvelles technologies. Il est clair que nous nous trouvons dans un mouvement conduisant à une numérisation et à une internétisation de *l'ensemble* des activités économiques.

Ce mouvement se déploie sur trois registres : d'une part, les entreprises « classiques » utilisent de plus en plus Internet pour leurs besoins internes courants ; d'autre part, elles ressentent de plus en plus, sous la pression de la concurrence, la nécessité de se réinventer complètement en se joignant au monde du Web ; enfin, les entreprises essayent d'établir des ponts et des synergies entre le monde « en dur » et le monde virtuel.

## Les entreprises perçoivent de mieux en mieux l'intérêt d'utiliser Internet

Pour Ralph Larsen, par exemple, le patron du géant de la pharmacie, Johnson & Johnson, Internet « libère *une puissance intellectuelle énorme au sein de l'entreprise, nous permettant de faire des choses que nous ne faisions jamais auparavant, et permettant aux gens de faire des contributions qu'ils ne pouvaient faire avant* ». Cette entreprise utilise Internet, par exemple, pour faire circuler l'information entre ses 180 départements, une tâche qui nécessitait dans le passé de nombres réunions, des voyages et qui créait des problèmes complexes de compatibilité d'emplois du temps. *«Le service au client, le suivi des commandes, le passage des commandes... toutes ces fonctions sont devenues tellement plus faciles»*, renchérit Jack Welch, le patron de General Electric, géant américain de la génération électrique, des équipements médicaux, de la finance et des moteurs d'avion. L'utilisation d'Internet par des entreprises qui n'appartiennent pas au secteur Internet, ni même aux secteurs de l'information et de la communication, induit à l'échelle de toute l'économie des changements microéconomiques qui commencent à se faire sentir dans les chiffres «miraculeux» de la productivité[133].

## La pression de la concurrence pousse les entreprises à se réinventer autour d'Internet

Aux États-Unis, les chefs d'entreprises sont en train d'être gagnés par ce que Business Week appelle « l'anxiété Internet [134]». Ils sont en train de prendre conscience que s'ils ne bougent pas assez vite ils seront mangés par des rivaux Internet plus petits qui n'existaient tout simplement pas quelques années auparavant.

Dans chaque secteur, les entreprises Internet ont en effet transformé la manière dont les affaires s'effectuent et capturent une part de marché non négligeable aux dépens des entreprises établies. Le commerce et les services financiers ont d'abord été touchés. L'impensable est arrivé : le célèbre établissement financier, Merrill Lynch, qui pensait que la supériorité de ses services lui permettrait de résister à la pression Internet, a du se résoudre à créer son propre service de courtage sur Internet devant la fuite de sa clientèle vers d'autres services de courtage électronique. Actuellement, ce sont les médias, les loisirs, les télécommunications, les entreprises de santé, etc... qui sont menacés. Les industries telles que l'automobile, le pétrole et les infrastructures pourraient bien suivre.

D'autre part, Internet entraîne un déplacement des forces vives du capital et du talent des entreprises classiques vers les entreprises Internet. Les énormes capitalisations

---

[133] Cf article de Pierre Yves Dugua dans le Figaro Économie du 12 Mai 1999.

[134] Business Week, 28 Juin 1999: « Internet Anxiety ».

boursières réalisées par les entreprises Internet[135] donnent à ces entreprises une force de frappe considérable qui leur permet d'acquérir non seulement d'autres entreprises Internet mais aussi des rivaux non encore « internétisés ». Parallèlement, les cadres les plus brillants des grandes entreprises les quittent de plus en plus soit pour rejoindre des entreprises Internet soit pour monter leur propre entreprise Internet. Ceci tient à la fois à des perspectives financières plus attractives[136], et à la prise de conscience que la réussite d'une carrière professionnelle passe désormais par Internet. Le président de la chaîne de télévision NBC quitte ce poste prestigieux pour lancer sa propre entreprise Internet : « Internet sera le moteur de mon développement pour le reste de ma carrière, déclare t-il ».

## Les entreprises essayent d'établir des ponts et des synergies entre le monde « en dur » et le monde virtuel

Les entreprises classiques de distribution et de Vente Par Correspondance sont en train de comprendre qu'il leur est absolument nécessaire de passer sur le Web au risque de se cannibaliser mais qu'elles peuvent aussi, pour compenser leurs coûts d'exploitation élevés par rapport aux entreprises Internet, tirer parti de leurs avantages spécifi-

---

[135] Elles représentent le quart du total des introductions en bourse du premier semestre 1999 aux USA et ont des rendements et des taux de progression sans commune mesure avec ceux des entreprises traditionnelles (price earning ratio : 674 pour les entreprises Internet regroupées dans le Goldmann Sachs Internet Index, 34 pour les 500 entreprises de l'index Standard & Poor's en juin 1999 ). Cf. Business Week, 28 Juin 1999, article cité.

[136] Cf. l'exemple de Margaret Whitman qui a abandonné un poste de direction à Hasbro pour en prendre un autre à E-Bay lui permettant ainsi de devenir milliardaire en moins de 14 mois et d'avoir une fortune supérieure du double à celle de son ancien patron. Alors que les propriétaires d'Hasbro avaient mis 75 ans pour parvenir à une capitalisation de 5,7 milliards de dollars, E-Bay a obtenu une capitalisation boursière supérieure du triple neuf mois après son introduction en bourse.

ques. Bénéficier de la notoriété, de la confiance accordée à leur marque, pour avoir des coûts de marketing plus faibles que les entreprises purement Internet ; utiliser leur poids vis à vis des fournisseurs, leur expérience dans le traitement de millions de petites commandes pour réussir leur entrée dans le commerce électronique.

Réciproquement, les vendeurs sur Internet s'aventurent maintenant en dehors du Web en utilisant des éléments de marketing extérieurs au Web : une entreprise qui vendait des vêtements et des accessoires sur le Net a connu le succès sur son site seulement après avoir lancé un catalogue.

Certaines entreprises essayent aujourd'hui de tirer le meilleur des deux mondes, le monde « en dur » et le monde virtuel. L'exemple de Recreational Equipment Inc. évoqué par Evan Schwartz dans son livre « Digital Darwinism » est intéressant à cet égard. Cette entreprise d'équipement de sport et de loisirs a placé des bornes Internet dans ses magasins qui permettent de donner des informations sur les produits qui ne sont pas en stock, de fournir des renseignements techniques très sophistiqués qu'un vendeur aurait du mal à donner, d'offrir des services tels que l'impression de cartes topographiques de randonnées, l'annonce d'événements locaux... Elle a veillé à développer systématiquement des renvois entre son catalogue et son site Internet et réciproquement. C'est ainsi que son site Internet a généré environ dix millions de dollars de chiffre d'affaires la première année de sa mise en place, le triple de ce que l'entreprise avait prévu.

# De la « Net-Économie » à la « Nouvelle Économie »

La « Net-Économie » peut être entendue au sens restreint du terme, le secteur économique d'Internet, mais elle est plus souvent utilisée au sens large, comme le moteur et l'emblème d'un nouveau mode de fonctionnement de l'économie, d'une « Nouvelle Économie » qui touche non seulement les secteurs de pointe mais aussi l'ensemble des acteurs et des activités.

## L'économie américaine, drapeau de la « Nouvelle Économie »

Depuis plus de huit ans les États-Unis bénéficient d'une croissance forte et continue (3,8% de croissance annuelle ces trois dernières années, 4,3 % en rythme annuel au 1° trimestre 1999), quasiment sans inflation, et avec un très bas niveau de chômage (le taux de chômage s'est réduit de 7,5% en 1992 à 4,5% au premier semestre 1999). Ils ont créé des millions d'emplois nouveaux en acceptant de détruire des milliers d'emplois moins productifs. La majorité des nouveaux emplois créés correspond à des emplois qualifiés qui sont fortement rémunérateurs. Les profits des entreprises ont cru considérablement ainsi que les revenus des ménages[137] qui ont d'ailleurs placé en bourse une grande partie de leur épargne et qui ont profité de l'envolée des cours[138]. Aujourd'hui, les États-Unis ont un

---

[137] En trois ans, grâce à la bourse, les Américains ont vu leurs revenus croître de 60%

[138] Entre 1990 et 1999, le Dow Jones a nettement plus que triplé alors que le Cac 40 n'a que doublé. Sur une base commune d'indice, et en prenant comme point de départ 100 en 1990, le Dow Jones atteint 364 tandis que le Cac plafonne à 217.

PIB par habitant, exprimé en parité de pouvoir d'achat, **supérieur de près d'un tiers à celui de l'Europe**[139].

Certes, ce modèle peut apparaître fragile dans la mesure où il repose largement sur des anticipations boursières qui peuvent se retourner d'un jour à l'autre et faire éclater une bulle financière et spéculative . Mais il importe de noter que jusqu'à présent, c'est à dire au moins jusqu'à l'impression de ce livre, les Cassandres qui prédisaient un arrêt de la croissance se sont trompés et qu'un mécanisme vertueux semble bien s'être enclenché. Un certain nombre d'économistes relayés par des journaux tels que Business Week ont ainsi popularisé le thème d'une Nouvelle Économie s'affranchissant du rythme des cycles économiques habituels.

Ce « miracle » de la Nouvelle Économie, de la croissance américaine sans inflation, s'explique sans doute par plusieurs facteurs : une politique monétaire souple et efficace, un marché du travail extrêmement flexible, une ouverture sur l'économie mondiale garantissant une pression concurrentielle sur les prix. Mais un des facteurs essentiels est la croissance des gains de productivité[140] qui permettent de produire mieux et plus à moindre prix et d'augmenter ainsi la consommation et les profits des entreprises. « D'ordinaire les hausses de productivité faiblissent à mesure que le cycle de croissance vieillit. Or, c'est le contraire qui se produit aux États-Unis : au cours des décennies précédentes, les hausses de productivité étaient en moyenne de 1,1 %. Au cours des douze derniers mois, la productivité américaine a gagné 2,8 %! »

Cette croissance des gains de productivité apparaît de plus en plus liée à l'investissement dans les nouvelles technologies de l'information et la communication et à la

---

[139] cf. statistiques OCDE. l'Europe se situe à l'indice 100 tandis que les États-Unis sont à 140.

[140] Les gains de productivité des secteurs non agricoles, désormais mieux mesurés, s'élèvent à 2,5% par an ces dernières années et atteignent 4% au premier trimestre 1999; Cf Business Week et Bureau of Labor Statistics.

diffusion d'Internet. De nombreux grands patrons américains estiment qu'Internet et ses applications au sein des entreprises jouent un rôle important dans ces hausses de productivité grâce à de nouveaux modes de communication et de transactions.

Alors que les entreprises européennes n'ont consacré que 15% de leurs investissements aux nouvelles technologies, les États-Unis y ont consacré 50%. Le fossé entre les États-Unis et l'Europe se traduit notamment par le fait que les États-Unis comptaient ,en Janvier 1999, 91 abonnés à Internet pour 1000 habitants alors que l'Union Européenne n'en comptait que 18 (soit presque 5 fois moins) et que la France n'en comptait que 9 (soit 10 fois moins).

De leur côté, les consommateurs américains participent aussi massivement à cette tendance vers une économie numérique et « internétisée » en votant avec leur portefeuille en sa faveur. Alors que leurs revenus personnels ont augmenté de presque 6% en 1998, ils ont modifié leurs comportements d'achat en achetant moins de voitures, moins de mobilier pour la maison mais au contraire en achetant beaucoup plus d'ordinateurs, de services téléphoniques et de services financiers.

# Nouvelle Économie et Développement Régional : le rôle des pouvoirs publics

## De nouvelles orientations stratégiques à élaborer

Pour se développer, pour permettre à leurs habitants de prospérer, les États et les Régions ont intérêt à jouer le jeu de la Nouvelle Économie. Or celle-ci introduit ipso facto une nouvelle donne qui fait que les stratégies de développement doivent être repensées. Car les facteurs qui commandent aujourd'hui la croissance sont très différents de ce qu'ils étaient il y a vingt-cinq ans. Dans l'ancienne économie, le développement économique supposait la présence de bonnes infrastructures de transport, une main-d'œuvre abondante, élémentairement qualifiée et peu coûteuse. Or, ces conditions soit se trouvent désormais de plus en plus répandues (par exemple une bonne accessibilité), soit ne suffisent plus à assurer le succès (comme des faibles coûts de main d'œuvre). Dans la nouvelle économie, la réussite économique des Etats et des Régions sera de plus en plus déterminée par la manière dont ils peuvent effectivement stimuler l'innovation technologique, le dynamisme entrepreneurial, le développement de la formation et l'acquisition de compétences pointues. Cette réussite sera également largement influencée par les résultats qu'ils obtiendront dans la transformation des bureaucraties hiérarchisées — tant publiques et que privées — en réseaux apprenants.

Le rapport du Progressive Policy Institute sur la manière dont les différents États des États-Unis progressent et peuvent progresser sur la voie de la Nouvelle Économie[141]

---

[141] Progressive Policy Institute, Washington : « The State New Economy Index » Robert D. Atkinson, Randolph H. Court, juillet 1999.

peut être une intéressante source d'inspiration pour les régions françaises et européennes. Après avoir diagnostiqué les points forts et les points faibles de chaque Etat à l'aide d'une batterie de 17 indicateurs économiques regroupés par grands thèmes : part des emplois « intellectuels », ouverture à la mondialisation, dynamisme et mobilité économique, degré d'utilisation d'Internet et de l'informatique, capacité de recherche et d'innovation… le rapport met l'accent sur la nécessité absolue de l'innovation :

« Au sein de la Nouvelle Économie, le billet qui permet de voyager vers la croissance et des revenus plus élevés, c'est l'innovation. Une prime vient couronner ceux qui réussissent à s'adapter efficacement, à évoluer et à apprendre constamment. L'innovation constitue l'avantage concurrentiel décisif et doit devenir l'objectif de tous, des individus comme des entreprises et des organisations publiques. Tout le monde doit se remettre en cause en permanence. Certes l'innovation et le changement impliquent incertitude et perturbation. Mais il devient de plus en plus clair que la mobilité est un facteur essentiel de la croissance. Plus la mobilité économique[142] est forte, plus forte est la croissance.

…Dans l'économie d'hier, les capitaux fixes (bâtiments, équipements) et la main d'œuvre étaient les principales sources d'avantage concurrentiel pour les entreprises. C'est pourquoi les pouvoirs publics se sont focalisés sur la construction d'infrastructures nécessaires pour les usines,

---

Ce rapport se focalise sur les nouveaux facteurs de compétitivité dans le cadre de la Nouvelle Économie et dans un pays hautement développé : les USA. Il est d'une certaine manière complémentaire de celui du PNUD « La mondialisation à visage humain », centré sur l'impact de la société de l'information sur l'ensemble de la planète avec un accent particulier sur les pays les moins développés.

[142] exprimée par le mouvement de brassage et de destruction créatrice des emplois et des entreprises. Ce mouvement est mesuré par le nombre de nouveaux emplois et de nouvelles entreprises créées **et** le nombre d'emplois perdus et d'entreprises en faillite rapporté au nombre total des emplois et des entreprises.

sur l'aide au financement de grands projets industriels, et sur différentes mesures pour attirer des entreprises extérieures. Mais aujourd'hui cette stratégie d'attraction d'entreprises extérieures à travers la réduction de leurs coûts de fonctionnement grâce à des réductions d'impôts et des bas salaires ne marche plus. Les emplois de demain viendront des entreprises régionales à croissance rapide (« les entreprises gazelles ») et non des entreprises se relocalisant en fonction de coûts plus faibles. »

Selon le rapport du Progressive Policy Institute, au lieu de subventionner les entreprises fonctionnant sur la base de salaires faibles, les collectivités locales ont intérêt à promouvoir des orientations stratégiques permettant à leur territoire de bien se placer dans la course au développement de la Nouvelle Économie :

- Co-investir en partenariat avec le secteur privé dans la qualification des actifs actuels et futurs en développant la qualité de la formation ;
- Co-investir dans ce qui constitue les bases, les infrastructures de l'innovation : partenariats de Recherche-Développement entre Entreprises, Universités, et Centre de recherches publics, aide à la mise sur le marché et à la commercialisation des innovations, coopération entre entreprises concurrentes sur des actions précompétitives...
- Promouvoir une gouvernance innovante et prenant en compte les attentes du client-usager : l'administration publique a été construite le plus souvent selon le modèle hiérarchique de l'ère industrielle qui produit les mêmes rigidités, les mêmes problèmes de qualité du service, les mêmes insatisfactions du client, les mêmes dysfonctionnements que les entreprises du secteur privé fonctionnant encore sur ce modèle. Développer une administration et des services publics orientés vers la satisfaction du client-usager est essentiel parce que cela réduit les coûts de fonctionnement, améliore la qualité

de la vie et attire les « entrepreneurs de l'intelligence ». A cet égard, la généralisation des services administratifs sur Internet est essentielle.

- Stimuler l'évolution vers l'économie numérique : implanter des accès Internet dans les équipements publics, favoriser le déploiement de réseaux Internet rapides à large bande passante, éviter la multiplication de réglementations contradictoires et de nature à freiner la croissance d'Internet et du Web.

- Encourager la coopération et le fonctionnement en réseau entre les différents acteurs du territoire et le développement du « capital social » : les régions qui réussissent économiquement de par le monde (de la Silicon Valley à l'Italie du Nord en passant par la Flandre) sont celles où les entrepreneurs et les habitants ont une forte implication civique à travers des réseaux associatifs denses et vivants, à travers de multiples initiatives partenariales. Elles ont réussi à accumuler ainsi non seulement un capital intellectuel mais un **capital social**, c'est à dire une capacité à travailler ensemble en vue d'objectifs communs qui repose sur une intensité des échanges informels et un haut niveau de confiance entre organisations diverses et parfois concurrente. Favoriser l'émergence et le développement de réseaux formels et informels de concertation et d'action réunissant par exemple les leaders du monde des affaires, de la politique et de l'administration, des syndicats, des associations et de l'université, pour identifier les enjeux de la Nouvelle Économie et les exploiter devient ainsi une tâche prioritaire.

# Nouvelle Économie et Nouvelle Entreprise : les mutations de l'entreprise

*La dynamique des sept piliers du XXIème siècle pousse les entreprises à faire évoluer profondément leur mode de fonctionnement, leur mode d'organisation, leur identité. A la Nouvelle Économie correspond une Nouvelle Entreprise. Les mutations de l'entreprise peuvent être synthétisées à travers les thèmes suivants :*

## De l'entreprise « citadelle » à l'entreprise « étendue »

L'entreprise d'hier mettait l'accent sur sa capacité à assurer en son sein un grand nombre de fonctions et sur son indépendance à l'égard de son environnement immédiat. Elle maintenait des frontières strictes vis à vis de l'extérieur. C'était une entreprise « citadelle ». L'entreprise de demain est une entreprise « étendue » fonctionnant en réseau avec ses fournisseurs, ses distributeurs, et développant des relations à la fois d'alliances et de concurrence avec ses homologues.

## De l'entreprise en « dur » à l'entreprise « virtuelle »

Un siège social luxueux, des bureaux de prestige, vastes et nombreux, assuraient la force et la solidité de l'image de l'entreprise d'hier. L'entreprise de demain, à l'heure de l'économie de l'immatériel et du commerce électronique, est une entreprise qui n'a pas toujours besoin de grands locaux pour exister et générer de la valeur ajoutée, ni pour projeter une image générée dès aujourd'hui par divers médias dont Internet. Au delà des bâtiments et des équipements, le véritable capital de l'entreprise de demain sera sa matière grise, un capital intellectuel, un capital social.

## De l'entreprise « pyramidale » à l'entreprise « polycellulaire »

Dès 1987, soit bien avant l'explosion du Web, Hubert Landier avait prophétisé l'avènement d'une nouvelle entreprise décentralisée, polycellulaire, en remettant en cause les rigidités culturelles, institutionnelles et intellectuelles à l'origine de l'entreprise pyramidale. Aujourd'hui, les Intranets constituent un outil puissant au service du décloisonnement interne des entreprises et du développement du travail en équipes transversales.

## De la planification à la « stratégie du potier »

Au mythe de la rationalité technocratique selon laquelle il suffit d'élaborer une solution logique et rationnelle pour que celle-ci s'impose et passe dans la réalité, au mythe de la planification décidée « d'en haut » par des experts, succède petit à petit l'idée que les stratégies gagnantes sont des stratégies empiriques, réactives, et émergentes. Henry Mintzberg, dans un article célèbre, a comparé ces stratégies pragmatiques qui adaptent constamment le projet fondamental aux spécificités de l'entreprise et aux aléas et aux opportunités de l'environnement à celle d'un potier qui modèle son vase en fonction des particularités de l'argile.

## Du « fabriquer et vendre » au « dialoguer et personnaliser[143] »

Une entreprise de type « fabriquer et vendre » prévoit ce que le marché va demander, fabrique le produit corres-

---

[143] L'expression anglaise correspondante est "Sense and Respond", littéralement « Détecter et Répondre ». Nous avons préféré « dialoguer et personnaliser » qui évoque plus concrètement l'interaction de l'entreprise avec le client.

pondant, et le vend. Elle procède ainsi selon des procédures et un business plan bien définis. C'est le type même de l'entreprise de l'ère industrielle. Une entreprise de type « dialoguer et personnaliser » est celle qui propose à son client de l'aider à identifier ses propres besoins et de travailler avec lui d'une manière interactive pour répondre à ces besoins spécifiques. Elle se considère comme un système flexible prêt à répondre à des demandes imprévues. C'est le modèle d'entreprise qui correspond à un monde interactif et interconnecté, celui de la nouvelle économie.

## De l'entreprise figée dans ses traditions à l'entreprise apprenante

Dans l'univers extraordinairement mobile de la nouvelle économie où la seule chose qui demeure constante c'est le changement, l'entreprise ne peut que se renouveler constamment, se réinventer elle même, pour survivre et prospérer. L'entreprise performante devient donc une organisation apprenante qui s'efforce en permanence non seulement d'accroître et de faire circuler son capital de connaissances, mais aussi d'augmenter sa capacité à faire retour sur elle même, à faire évoluer son propre « code génétique ». En bref, à pratiquer sans relâche un « apprentissage organisationnel » lui permettant de se redéployer en tant que de besoin.

# Conclusion : Vers un changement structurel, vers un nouvel ordre économique

Le précédent ordre économique était bâti sur une base industrielle orientée vers une production standardisée, orientée principalement vers le marché national, gérée par des organisations stables et hiérarchiques ayant pour objectif des réductions continues de coût. Les fondations de cet ordre économique furent ébranlées à partir du milieu des années 1970 par toute une série de crises qui bouleversèrent complètement la donne.

Aujourd'hui, une Nouvelle Économie émerge clairement de ces secousses : c'est une économie ouverte sur le monde entier, fondée sur la connaissance et la matière grise, où la clef de la création d'emplois et de la richesse est l'intensité et la rapidité avec lesquelles les innovations de toutes sortes et les avancées technologiques sont incorporées dans tous les secteurs de l'économie.

Les signes les plus évidents de cette nouvelle économie sont les avancées technologiques renouvelées qui se produisent dans l'informatique, dans les télécommunications, dans Internet. Mais la Nouvelle Économie ne se limite pas à la **production** de hautes technologies de l'information. Ce sont l'ensemble des entreprises qui sont appelées non pas à produire, mais à **utiliser et exploiter** ces nouvelles technologies de l'information et à bouleverser leur organisation en conséquence.

La Nouvelle Économie, c'est une fonderie qui utilise un process industriel assisté par ordinateur pour réduire les coûts, épargner de l'énergie, et réduire les déchets. C'est un fermier qui utilise des programmes informatiques pour gérer plus économiquement et plus écologiquement ses engrais et adapter sa production aux marchés. C'est une compagnie d'assurances qui utilise un Extranet pour réduire les niveaux hiérarchiques et donner à ses employés plus de responsabilités et d'autonomie. C'est un hôtelier qui utilise Internet pour enregistrer les réservations de ses clients en provenance du monde entier.

La Nouvelle Économie touche autant les modèles d'organisation et de management que les nouvelles technologies. C'est par exemple une brasserie qui produit 50 % de plus de bière par employé que ses concurrents parce que le personnel a été entraîné à travailler en équipe pour gérer la rotation des équipe de nuit sans surveillance.

Dans la Nouvelle Économie, la rapidité de l'adaptation est devenue la condition de la réussite. Les délais séparant la conception d'un produit ou d'un service de sa mise sur le marché se sont dramatiquement raccourcis. Deux ans suffissent désormais là où il fallait 6 ans pour passer des premières esquisses d'une automobile à sa production. Dans le secteur d'Internet on compte désormais en « années Web » qui correspondent grossièrement à un trimestre d'une année classique tant les changement sont rapides. Les entreprises qui prospèrent sont celles qui font la plus grande partie de leur chiffre d'affaires avec des produits de moins de trois ou quatre ans. Les entreprises à croissance rapide sont devenus la clé de la croissance économique générale. Aux États-Unis, près des trois quarts des nouveaux emplois sont créés par trois cent cinquante mille entreprises « gazelles » c'est à dire par des entreprises qui ont accru leur chiffre d'affaires de 20 % par an pendant quatre années consécutives.

Tout ceci se traduit par un changement en profondeur des bases économiques nationales et régionales qui se caractérisent par une nouvelle structure des activités et des emplois, par une pression renforcée de la concurrence et de la mondialisation, et, aux Etats-Unis, par un dynamisme entrepreneurial renouvelé.

En Europe, en France, nous n'avons donc pas de temps à perdre pour nous mettre dans une bonne position pour tirer parti de cette Nouvelle Économie.

# Chapitre X

# Des Sept Piliers aux Dix Commandements

La Nouvelle Économie apporte donc des perspectives de prospérité considérables. Pour autant, ces perspectives ne se transformeront pas en réalité, ni automatiquement, ni pour tout le monde. Seuls ceux qui auront fait l'effort de comprendre et de s'adapter à ces nouvelles règles du jeu pourront accéder au paradis des rendements croissants et des capitalisations records. Les 7 piliers ont permis de constituer une grille d'analyse et de compréhension générale. Cette grille peut également être utilisée pour élaborer des diagnostics et des orientations. Dans ce cas, elle doit naturellement être appliquée aux particularités de chacun pour pouvoir produire des résultats pertinents. Toutefois, au delà des diversités, un certain nombre de recommandations générales peuvent être d'ores et déjà formulées : voici les dix commandements de l'entrepreneur à l'ère de la Nouvelle Économie.

### 1° Internétisez-vous

S'interconnecter a été de tout temps, comme on l'a vu, un levier de développement et de croissance. Aujourd'hui, Internet constitue une membrane électronique enveloppant la planète à laquelle il devient aussi essentiel de se connecter qu'à l'électricité ou au téléphone. Toutes les entreprises, toutes les institutions, toutes les organisations sont concernées. Et ceci parce que au delà des entreprises flamboyantes qui ont illustré l'épopée d'Internet et du Web, au delà des utilisations personnelles qui se généralisent, surgit une véritable vague de fond. Un énorme raz de marée est en train de commencer à se produire, provoqué par le basculement prochain de l'activité des grandes entreprises et du tissu économique dans son ensemble sur Internet. Jusqu'à présent, déclare le PDG d'IBM, Lou Gerstner : « les nouvelles entreprises Internet, les entreprises « .com » sont des lucioles avant l'orage toutes excitées, lançant des étincelles. Mais l'orage qui va arriver, le choc réel, va se produire quand les milliers et milliers d'organismes qui existent aujourd'hui saisiront la puissance de cette infrastructure globale de communication et de traitement et l'utiliseront pour se transformer eux mêmes. C'est cela la vraie révolution ». Dès à présent, quand une très grande entreprise déplace l'ensemble de ses opérations sur le Web, ses partenaires se trouvent placés sous une pression intense pour se convertir également au E Business. Même si vous ne vendez pas des produits ou des services numériques, il vous faut, dès maintenant, penser à élaborer une stratégie Internet sous peine de risque d'extinction.

*Les 5 étapes types du déploiement d'une entreprise
sur Internet*

**1. Le site « plaquette »**
C'est le niveau de base. L'entreprise transfère sur le Web les documents qu'elle édite déjà sur papier : plaquette de présentation, rapports annuels, etc...

**2. Le site « dialogue » : le service clientèle sur Internet**
Niveau déjà plus élaboré, un dialogue interactif est esquissé entre l'entreprise qui fournit une information détaillé sur ses produits et services, et ses clients qui peuvent émettre des suggestions.

**3. Le site « transactionnel » : l'intégration du e-commerce**
Niveau décisif, le site comporte le plus souvent un système de paiement sécurisé et permet à l'entreprise de générer directement des commandes et du chiffre d'affaires.

**4. Le site s'adaptant automatiquement à la personnalité de chacun des clients**
Le site prend en compte les goûts et les préférences de chaque client parce qu'il a enregistré automatiquement ceux-ci dans une base de données. Il est capable de faire des recommandations et des suggestions éminemment personnalisées

**5. le site porteur d'une véritable communauté électronique**
Le site ne facilite plus seulement le dialogue clients-entreprises, mais promeut les échanges de vues entre clients autour de l'entreprise, de ses produits, de sa vocation. Il peut donner naissance à une véritable communauté électronique de « fans » de l'entreprise.

## 2° Mangez-vous vous-même plutôt que de vous faire manger par d'autres

Beaucoup d'entreprises sont tellement effrayées par le raz de marée Internet qu'elles préfèrent consciemment ou inconsciemment mener une politique de l'autruche. Face à des changements ressentis comme profondément déstabilisants, elles sont souvent tentées de fermer les yeux et de continuer à développer leurs modus operandi traditionnels. Et en effet, l'effort est considérable. Développer une présence sur Internet allant bien au delà de la simple carte de visite implique encore plus que restructurer son activité : cela exige souvent de la réinventer. En effet, ce qu'elles considèrent comme un atout, comme un actif, leur patrimoine immobilier, technique et humain (les bâtiments, les équipements, leur personnel, les savoir faire traditionnels…) peut devenir un handicap dans un environnement complètement nouveau. Il est souvent plus facile de créer une activité nouvelle que de restructurer une activité existante en raison des immobilisations existantes et des pesanteurs organisationnelles et culturelles.

Face à cette exigence, beaucoup d'entreprises ont également peur que leur nouvelle activité Internet vienne « cannibaliser » leurs activités traditionnelles. Et elles ont raison car cette « cannibalisation » est inéluctable : de plus en plus de transactions, de marchés, vont s'effectuer sur Internet au détriment des opérations traditionnelles plus longues, plus coûteuses, moins réactives au client. Dès lors, la question pour elles n'est pas de savoir si elles doivent prendre en compte Internet dans leurs plans, mais de savoir si elles basculent elles mêmes sur Internet en acceptant de cannibaliser leurs activités traditionnelles, ou bien si elles se font manger directement par des compétiteurs internétisés plus rapides et plus légers.

### 3° Entreprenez léger

Dans une économie « allégée » où la miniaturisation et les nouveaux matériaux génèrent des objets de moins en moins lourds et ayant une valeur de plus en plus grande, dans une économie de l'immatériel, fondée sur la connaissance, les services et les loisirs, les processus de dématérialisation jouent un rôle de plus en plus important. Aujourd'hui, grâce à Internet, il n'est point besoin, pour lancer une nouvelle entreprise ou une nouvelle activité, de réaliser de lourds investissements en dur, de construire un siège social prestigieux, d'investir dans des machines et des équipements coûteux, de recruter un grand nombre de personnes. Il n'est point besoin même de posséder du capital. « Posséder, c'est dépassé. La meilleure façon d'éviter l'obsolescence du capital dans un monde en accélération constante consiste à ne pas en devenir propriétaire ... Le capital doit vivre vite et mourir jeune[144]. » Même pour une grande entreprise, il est en effet difficile d'avoir la taille et les compétences suffisantes pour suivre l'évolution accélérée de « l'état de l'art », pour disposer, à chaque instant, des compétences les plus pointues et de ce qui se fait de mieux sur le marché, par exemple, en renouvelant rapidement ses ordinateurs et surtout le personnel de ses services informatiques.

Pour construire votre entreprise vous n'avez plus besoin et vous n'avez plus intérêt aujourd'hui de réunir en son sein toutes les ressources et toutes les compétences nécessaires à son fonctionnement. Grâce aux possibilités d'interconnexion offertes par Internet et par le Web, vous pouvez externaliser nombre de fonctions, même les plus vitales comme votre informatique et vos systèmes d'informations, et vous y avez intérêt. Grâce au télétravail, et aux logiciels de travail en groupe, vous n'avez

---

[144] Stan Davis, Christopher Meyer, Le Paradigme du Flou, Editions Village Mondial, 1998.

plus besoin que d'un minimum de bureaux[145] pour y accueillir vos employés qui peuvent désormais travailler une grande partie de leur temps chez eux, chez vos clients ou dans vos différents sites répartis dans le monde entier. Pour entreprendre léger, virtualiser votre entreprise en vous appuyant sur le Web.

### 4° Organisez-vous autour du client

Alors que l'histoire de la vie révèle un processus de multiplication et de différenciation d'espèces, alors que l'histoire de l'humanité peut s'interpréter comme une affirmation croissante de la personne, alors que la fin du taylorisme et le développement d'une société d'abondance favorisent la diversification des goûts et des désirs des consommateurs, les entreprises sont aujourd'hui confrontées à l'impérieuse nécessité de satisfaire en premier aux exigences de leurs clients. Les clients n'ont jamais eu plus de pouvoir qu'à présent. Parce que dans une économie qui a vaincu la rareté les clients ont le pouvoir de choisir, parce que dans une économie de plus en plus marquée par le commerce électronique, les clients disposent d'une information riche et précise sur les prix, les produits, parce que, d'un simple clic de souris ou avec un agent intelligent, ils peuvent mettre en concurrence de très nombreux fournisseurs. Construire ou restructurer une entreprise autour du client implique de mettre à bas les organisations, les modes de fonctionnement structurés par une logique de production et par l'établissement de cloisonnements entre les différents départements de l'entreprise. Du renversement de la pyramide hiérarchique de Scandinavian Airlines System lancé par son PDG Jan Carlzon[146], en 1986, à la restructuration de Microsoft

---

[145] Dès 1993, IBM a lancé un programme de bureaux virtuels se traduisant par une économie considérable sur la surface ( 75% de surface en moins dans certaines unités) et le coût des bureaux ainsi que sur les frais généraux.

[146] Jan Carlzon, « Renversons la pyramide », Inter Editions, 1986.

au printemps 1999[147], un même effort a été consenti pour placer les clients au sommet de l'organigramme, et pour donner un maximum d'initiative et de capacité d'action aux employés en contact direct avec les clients. Ceci en structurant les différentes fonctions de l'entreprise autour du service clients et en mettant à disposition du « front office » les informations nécessaires en provenance des autres services.

Aujourd'hui, pour satisfaire vos clients et rester concurrentiel, vous devez grâce au Web construire une interface client assurant :

- une meilleure circulation de l'information en interne (Intranet) afin d'apporter au client une unité et une cohérence de traitement de sa demande même lorsque celle ci met en jeu plusieurs fonctions et plusieurs structures de l'entreprise.

- des relations plus intenses, plus rapides et plus personnalisées avec le client afin de répondre rapidement, au moindre coût, et d'une manière pertinente à la spécificité de sa demande (site Web « high touch » allant bien au delà du site carte de visite ou brochure) et faire en sorte que vos clients soient non seulement satisfaits de vos produits ou services mais heureux de la qualité de la relation qu'ils ont pu établir.

## 5° Mettez les initiatives en réseau

Aujourd'hui, le développement des connaissances scientifiques et l'intérêt accru pour la biologie amènent à redécouvrir un certain nombre de propriétés du vivant telles que la faculté d'auto-organisation et la capacité des comportements collectifs interactifs à faire émerger des solutions nouvelles et performantes. Parallèlement, le passage

---

[147] « Microsoft group will be driven by consumers not technocrats», Business Week, 17 Mai 1999

d'une ère industrielle à l'ère d'une économie fondée sur la connaissance, ainsi que l'élévation du niveau des compétences, conduisent à passer d'une organisation taylorienne, fondée sur une hiérarchie centralisée et sur une planification rigoureuse des tâches, à une organisation en réseau, fondée sur le développement des capacités d'autonomie et d'initiatives et sur la rapidité d'anticipation des événements et l'adaptation à l'imprévu. Cette mutation organisationnelle ne va pas de soi, car elle est difficile, délicate, et demande du temps. La meilleure preuve en est le décalage entre la littérature managériale inépuisable sur le sujet, et la réalité des entreprises où beaucoup d'acteurs veulent asseoir leur contrôle sur l'information et la connaissance, considérées à juste titre comme des paramètres stratégiques, quitte à en bloquer la diffusion.

Par rapport à ces blocages, Internet offre à la fois la possibilité de :

- développer l'initiative de l'ensemble des collaborateurs de l'entreprise en mettant à leur disposition immédiatement les informations dont ils peuvent avoir besoin.
- interconnecter ces initiatives et de leur permettre ainsi de mûrir, de s'affiner, de s'opérationnaliser et de se diffuser.

Certes, il ne s'agit bien que d'une possibilité. Mais le fait même que cette possibilité existe et que, dans certains cas, elle soient utilisée même de manière très réduite, change la donne en ouvrant la voie à une dynamique cumulative qui accroîtra la compétitivité et les performances de l'entreprise.


## 6° Concluez des alliances

Depuis l'aube des temps, la symbiose, les échanges au sein d'un écosystème, se sont révélés des phénomènes bénéfiques pour les partenaires qui les pratiquent. En outre, la théorie des jeux élaborée par Von Neuman et pu-

bliée en 1944 a mis en évidence les possibilités de stratégies gagnant-gagnant y compris entre les concurrents
dans le cas de jeux à somme non nulle. L'activité économique est précisément un cas de jeux à somme non nulle
et offre la possibilité d'une coopération-compétition,
d'une «co-opétition » fructueuse.
Or aujourd'hui, Internet permet aux entreprises de valoriser leur écosystème en s'articulant avec d'autres entreprises d'une manière jusque là inimaginable.
Grâce au Web, vous pouvez développer des alliances
pour :

- mettre en commun des ressources diversifiées, qu'il serait trop coûteux d'acquérir pour chaque entreprise
  prise isolément, pour fournir un produit ou un service
  complexe et de haute qualité.
  Exemple : alliance entre QWest (Télécoms), Hewlett-
  Packard, (Informatique) et SAP (Logiciels de gestion
  intégrée) pour fournir des solutions Internet complètes
  et intégrées.
- améliorer les performances de votre chaîne
  d'approvisionnement et de distribution en en diminuant le coût de fonctionnement et en en augmentant
  la rapidité (commandes suivies, traitées et répercutées
  en temps réel tout au long de la chaîne, depuis le bon
  de commande électronique jusqu'à la livraison).
- développer des packages de produits et de services
  complémentaires qui vont renforcer l'attractivité de
  votre propre offre, (par exemple, compléter l'offre d'un
  billet d'avion par une offre d'hôtel, de taxi, de restaurant, de théâtre… ).

Vous pouviez entreprendre léger avec peu de moyens en
lançant une « entreprise virtuelle », vous pouvez aussi
développer rapidement et à peu de frais votre entreprise
en en faisant une « entreprise étendue ».

### 7° Adaptez-vous à la globalisation

Avec la mondialisation, il est devenu évident que la concurrence et les opportunités de marché peuvent venir du monde entier. Mais ce qui est moins immédiatement perceptible, c'est que la concurrence et les opportunités de marché peuvent venir également de secteurs d'activité complètement étrangers aux domaines dans lesquels vous opérez. On l'a déjà vu, à presque toutes les activités existantes peuvent correspondre de nouvelles activités fondées sur Internet et le Web. Du coup, c'est aussi de nouvelles configurations d'activités qui surgissent. **Les menaces et les occasions de profit sont donc devenues complètement globales non seulement géographiquement mais aussi sectoriellement.** Comme il est hors de question de vous diversifier tous azimuts face à ces nouvelles perspectives, il vous faut donc cultiver vos points forts ; mais en les faisant évoluer de manière à éviter de rester confiner dans une excellence dont l'avenir serait limité. Dans l'univers, les organismes qui réussissent sont ceux qui ont réussi à faire évoluer leurs objectifs. Or aujourd'hui, l'enjeu est pour vous de faire évoluer votre positionnement dans la chaîne de la valeur et de vous déplacer vers des positions où votre génération de valeur ajoutée est beaucoup plus forte, par exemple, en complétant la vente de produits bruts par la vente de matière grise et de services plus sophistiqués attachés au produit. Nike, par exemple, est passé d'un statut de fabricant de chaussures de sport à un statut d'entreprise d'habillement sportif puis à un statut d'une entreprise de services, de création et de gestion d'événements sportifs pour d'autres sociétés. Elle gagne naturellement plus d'argent avec ce nouveau statut que si elle était restée fabricant direct de baskets.

Pour élaborer et distribuer des produits et services connexes à forte valeur ajoutée, utilisez à fond le Web qui offre de remarquables opportunités en la matière.

### 8° Fonctionnez en temps réel

On a vu dans les chapitres précédents, l'accélération de l'histoire de l'univers et de l'histoire de l'humanité. On a vu combien le temps était devenu un paramètre de la compétition encore plus important que l'espace. Aujourd'hui, pour être concurrentiel, vous devez véritablement fonctionner en temps réel pour satisfaire vos clients, avoir des relations efficaces avec vos partenaires, intensifier les interactions entre vos différents départements. Vous devez être informé en temps réel et vous devez agir en temps réel.

Aller vite permet d'économiser du temps, donc de l'argent, d'où l'importance du temps réel.

Mais au delà de cette fonction première, le temps réel permet de répondre aussi à un autre enjeu également décisif, celui de l'intégration. Intégration des différentes données relatives à un même client, intégration de différents produits ou services susceptibles d'intéresser un même consommateur, de manière à ce que celui ci ressente une cohérence de l'offre et une continuité du service ; intégration des échanges avec vos partenaires, de manière à bénéficier au maximum de leurs apports et à diminuer les coûts de transaction avec eux ; intégration des différents savoir faire au sein de l'entreprise.

- Le temps réel vous permet d'améliorer la qualité des échanges.
  Par exemple, c'est parce que vous pouvez dialoguer rapidement et à faible coût sur le Web avec vos clients que vous pouvez adapter finement votre offre à leurs attentes et renforcer la qualité de votre marketing à travers un processus d'ajustement continu. C'est parce que vos services peuvent échanger en temps réel qu'ils dialogueront d'autant plus…

- Le temps réel vous permet d'automatiser un certain nombre de processus et de fonctionner de manière quasi réflexe

Faire du ski, conduire sa voiture se fait d'une manière réflexe et ne met pas en jeu des délibérations compliquées qui seraient trop lentes pour être pertinentes et opératoires. De la même manière, dans votre entreprise, un certain nombre de tâches seront mieux exécutées si, grâce à Internet, vous les faites automatiser et effectuer en temps réel. En outre, vous pourrez ainsi dégager une productivité accrue en concentrant le temps de vos employés sur des tâches plus complexes qui ne requièrent pas des réflexes routiniers mais une réflexion originale et approfondie.

### 9° Faîtes de votre entreprise une organisation apprenante

La constante évolution de l'histoire de l'humanité vers une dématérialisation de plus en plus poussée culmine maintenant avec l'avènement d'une économie fondée sur la connaissance.

Aujourd'hui, le capital le plus précieux de votre société, c'est son capital de savoir faire, de connaissances, en un mot, son capital intellectuel. Vous devez donc vous attacher à le développer, à l'exploiter, et à le valoriser en organisant l'acquisition, la circulation, et le stockage des connaissances à travers un exercice de « management des connaissances » venant alimenter le système nerveux de l'entreprise. Ceci signifie la mise en place :

- de systèmes d'analyse et d'interprétation pour transformer en connaissances les informations transmises par des capteurs, des senseurs enregistrant les réactions et les évolutions de l'environnement extérieur : clients, fournisseurs, distributeurs, concurrents…, et pour effectuer une veille technologique et élaborer une intelligence économique.

- de mécanismes permettant le passage des connaissances et des savoir-faire implicites, qui sont souvent les plus rares et les plus précieux et qui sont fréquemment l'apanage d'un nombre limité de personnes particulièrement expérimentées, à des connaissances et des savoir-faire explicites largement diffusés au sein de l'entreprise et qui fondent les compétences de celle-ci.
- De systèmes de valorisation de ces connaissances et de ces compétences à travers des dispositifs de formation et d'échange, en interne ; et de commercialisation et de protection (brevets), en externe.

Sur tous ces registres, Internet et le Web apportent des contributions précieuses à la mise en place de solutions efficaces.

Par ailleurs, dans un monde en constante mutation où « seuls les paranoïaques survivent » selon la formule d'Andy Grove, ancien PDG d'Intel, vous devez être prêt à apprendre à votre entreprise à se redéployer, à se reconfigurer rapidement sur des bases complètement nouvelles. L'organisation apprenante devient alors celle qui met en œuvre une capacité « d'apprentissage organisationnel » à travers une réflexion sur les « codes génétiques » de son propre fonctionnement. Essayer de faire évoluer directement des structures, des comportements, sans remettre en cause ce qui les détermine profondément est en effet voué à l'échec. Vous devez donc vous-même et vos collaborateurs prendre conscience et identifier précisément le code génétique de votre entreprise pour être à même de produire « une nouvelle espèce » d'organisation.

## 10° Déclenchez à votre profit la dynamique de la vie

La dynamique de la vie, c'est la force tenace, insidieuse, de pénétration dans les environnements les plus variés, et, après une période d'incubation souvent discrète, l'explosion d'une croissance exponentielle. Avec Internet et le Web, donnez à vos productions, à vos services, les propriétés de la vie, en mettant en place des dispositifs qui se multiplient et se reproduisent à une vitesse accélérée. Le secret de la vie, c'est en effet sa capacité phénoménale de réplication, d'auto-reproduction. Dès lors, n'envisagez pas la production de vos produits ou services comme un flux unique. Mais mettez en place des dispositifs qui vous permettent non seulement de produire mais de faire reproduire à grande échelle et très rapidement les mécanismes de votre production. Placez-vous dans le cercle vertueux des rendements croissants en créant des dynamiques d'auto-renforcement. Et allez vite, afin de raccourcir la période d'incubation et afin d'atteindre le plus rapidement possible la masse critique qui vous permettra de déclencher la phase de croissance exponentielle explosive de la courbe en S, la courbe des débuts de la vie.

# Bibliographie

ALLEGRE Claude, Introduction à une Histoire naturelle, du Big bang à la disparition de l'Homme, France, Librairie Arthème Fayard, 1992

BRADLEY Stephen, NOLAN Richard, Internet, Intranet, Réseaux : mieux identifier et répondre aux besoins des clients grâce aux nouvelles technologies de l'information, Paris, Maxima, 1999

CARLZON Jan, Renversons la pyramide, Paris, Inter Editions, 1986

CHOI Soon-Yong, STAHL Dale O., WHINSTON Andrew B., The Economics of Electronic Commerce, USA, Macmillan Technical Publishing, 1997

COYLE Diane, The weightless World, USA, MIT Press, 1998

DAVENPORT Thomas H., PRUSAK Laurence, Working Knowledge, How organisations manage what they know, Boston, Harvard Business School Press, 1998

DAVIS Stan, MEYER Christopher, Blur, The speed of change in the connected economy, USA, Perseus Books, 1998

DAVIS Stan, MEYER Christopher, Le paradigme du flou, Editions Village Mondial, 1998

DE ROSNAY Joël, L'homme symbiotique, Paris, Editions du Seuil, 1995

DOWNES Larry, MUI Chunka, L'innovation irrésistible, Produits ou services : stratégies numériques pour dominer le marché, Paris, Editions Village Mondial, 1998

DRUCKER Fondation (la), L'entreprise de demain, Paris, Editions Village Mondial, 1998

DUPUY François, Le Client et le Bureaucrate, Paris, Editions Dunod, 1998

FINE Charles H., Clockspeed, Winning Industry Control in the Age of Temporary Advantage, USA, Perseus Books, 1998

GATES Bill, Le travail à la vitesse de la pensée, Paris, Editions Robert Laffont, 1999

GERSHENFELD Neil, When things start to think, New York, Henry Holt, 1999

GLEICK James, La théorie du Chaos, Vers une nouvelle science, Paris, Flammarion, 1991

HAFNER Katie, LYON Matthew, Les Sorciers du Net, Les origines de l'Internet, Paris, Editions Calmann-Lévy, 1999

HAGEL III John, ARMSTRONG Arthur G., Net gain, expanding markets through virtual communities, Boston, Harvard Business School Press, 1997

HANDFIELD Robert B., NICHOLS Ernest L. JR., Introduction to Supply Chain Management, USA, Prentice-Hall, 1999

HAYLES Katherine N., How we become posthuman, USA, The University of Chicago Press, 1999

KAKU Michio, Visions, comment la science va révolutionner le XXIe siècle, Paris, Editions Albin Michel, 1999

KAPLAN David A., The Silicon Boys and their valley of dreams, USA, Morrow, 1999

KELLY Kevin, New rules for the new economy, Ten ways the network economy is changing everything, London, Fourth Estate, 1998

KELLY Kevin, Out of control, The new biology of machines, London, Fourth Estate, 1994

KURZWEIL Ray, The age of spiritual machines, When computers exceed human intelligence, New York, Viking Penguin, 1999

LANDIER Hubert, L'entreprise polycellulaire, Paris, Editions ESF, 1987

LASZLO Christopher, LAUGEL Jean François, L'économie du chaos, Paris, Editions d'Organisation, 1998

Le cerveau et la pensée, La révolution des sciences cognitives, France, Editions Sciences Humaines, 1999

LEVY Jean-Paul, La fabrique de l'homme, Paris, Editions Odile Jacob, 1997

MACK Manfred, Co-Evolution, Dynamique créatrice, Paris, Editions Village Mondial, 1997

MARZLOFF Bruno, GLAZIOU Stéphane, Le temps des puces, France, Editions Carnot, 1999

Mc KENNA Regis, En temps réel, S'ouvrir au client toujours plus exigent, Paris, Editions Village Mondial, 1998

MINTZBERG Henry, Le Management, Voyage au centre des organisations, France, Les Editions d'Organisation, 1998

MORRIS Langdon, La chaîne de la connaissance, Stratégies d'entreprise pour l'Internet, Paris, Editions Village Mondial, 1998

NALEBUFF Barry, BRANDENBURGER Adam, La Coopétition, Une révolution dans la manière de jouer concurrence et coopération, Paris, Editions Village Mondial, 1996

NEGROPONTE Nicholas, L'homme numérique, Paris, Editions Robert Laffont, 1995

NILSSON Nils J., Artificial Intelligence, A new Synthesis, San Francisco, Morgan Kaufmann Publishers, 1998

PELT Jean-Marie, MAZOYER Marcel, MONOD Théodore, GIRARDON Jacques, La plus belle histoire des plantes, Paris, Editions du Seuil, 1999

PETZINGER Thomas Jr., The new Pionners, The men and women who are transforming the workplace and marketplace, New York, Simon & Schuster, 1999

PUTMAN Robert D., Making democraty work, Civic tradition in modern Italy, USA, Princetown University Press, 1993

REEVES Hubert, DE ROSNAY Joël, COPPENS Yves, SI-MONET Dominique, La plus belle histoire du monde, Paris, Editions du Seuil, 1996

ROCHEFORT Robert, Le consommateur entrepreneur, Paris, Editions Odile Jacob, 1997

ROUSSEAU, J.Jacques, Discours sur l'inégalité, 1754

SAXENIAN Annalee, Regional Advantage, Culture and competition in Silicon Valley and Route 128, USA, Harvard University Press, 1994

SCHWARTZ Evan I., Digital Darwinism, New York, Broadway Books, 1999

SCHWARTZ Evan I., Webonomics, Nine essential principles for growing your business on the World Wide Web, New York, Broadway Books, 1997

SEYBOLD Patricia B., Customers.com, How to create a profitable business strategy for the Internet and beyond, USA, Times Books, 1998

SHAPIRO Carl, VARIAN Hal R., Information Rules, A strategic guide to the network economy, Boston, Harvard Business School Press, 1999

TAPSCOTT Don, Growing up digital, The rise of the Net generation, USA, McGraw-Hill, 1998

TAPSCOTT Don, LOWY Alex, TICOLL David, Blueprint to the digital economy, USA, The McGraw-Hill Companies, 1998

TAPSCOTT Don, The Digital Economy, Promise and peril in the age of networked intelligence, USA, The McGraw-Hill Companies, 1996

TOFFLER Alvin, La 3ème Vague, Paris, Denoël, 1980

VARELA Francisco J., Autonomie et Connaissance, Essai sur le Vivant, Paris, Editions du Seuil, 1989

# Index

# D

# E

# F

# G

# O

# P

# R

# Table des Matières

De la décentralisation à de nouvelles formes
et de nouvelles méthodes de contrôle

# 2ème Partie : Demain, c'est aujourd'hui !

l'économie : réduction de coûts, gains de
productivité, nouveaux marchés
Les limites et les freins à l'exploitations de
toutes les potentialités d'Internet et du Web
L'internétisation de l'ensemble de
l'économie : la " Net-Économie "
De la " Net-Économie " à la Nouvelle
Économie
L'économie américaine, drapeau de la
Nouvelle Économie
Nouvelle Économie et développement
régional : le rôle des pouvoirs publics
Nouvelle Économie et nouvelle entreprise :
les mutations des entreprises

ISBN : 2 914074 00 X

STEDI, 1, boulevard Ney, 75018 Paris - Tél. 01.40.38.65.40
Dépôt légal, Imprimeur, n° 6282
Dépôt légal : septembre 1999
*Imprimé en France*